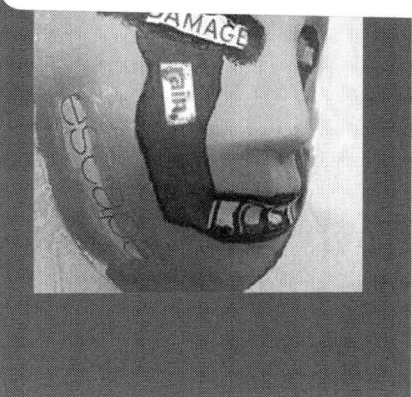

**Stress post-traumatique :
Quels soins ?**

Vona MARTIN

Stress post-traumatique : Quels soins ?

CreateSpace by Amazon
www.createspace.com

A Anne-Marie,

Pour sa bienveillance et sa contribution au maintien de ma motivation.

Table

Introduction 13

Le stress post-traumatique 15

    Qu'est-ce que le stress post-traumatique ? 15

    Quels sont les symptômes courants du stress post-traumatique ? 15

        Les symptômes d'intrusion 15

        Les symptômes d'évitement 16

        Les symptômes d'hyperéveil 17

    Pourquoi les réactions de stress post-traumatique surviennent-elles ? 17

    Quels sont les problèmes liés au stress post-traumatique ? 19

        La dépression 19

        L'anxiété 20

        L'addiction 20

    Quelles sont les répercussions sur les relations interpersonnelles et la vie personnelle ? 21

        La vie familiale 21

        La vie professionnelle 22

    Comment composer avec le stress post-traumatique ?.23

Quel est le traitement approprié après un stress post-traumatique ?...23

Comment stabiliser la crise de stress post-traumatique ?
....25

Comment gérer les signes et les symptômes du stress post-traumatique ?...26

    La gestion de l'anxiété 26

    La gestion de la colère 27

    La gestion de la dépression 28

Quel est le rôle du psychiatre, du psychologue et du psychothérapeute ?...29

    Le psychiatre 30

    Le psychologue 30

    Le psychothérapeute..32

Qu'est-ce que la douleur psychologique ?........................33

    Définition de la douleur psychologique 33

    Quels sont les différents types de douleur ?...................34

        Douleur aiguë 34

        Douleur chronique..34

Quelles sont les difficultés de l'évaluation de la douleur psychologique ? 34

Comment soulager la douleur psychologique ? 35
    Moyens physiques 35
    Méthodes psychocorporelles 36
    Méthodes comportementales................................36
    Thérapeutiques non pharmacologiques 37

Que se passe-t-il en psychothérapie ? 38
    Qu'est-ce qu'une psychothérapie ?................................38
        Qui peut en bénéficier ?..38
    Les thérapies cognitivo-comportementales 39
        Pour quels types de troubles ? 39
        Quels sont les objectifs des thérapies cognitivo-comportementales ? 40
        Sur quelle méthode sont basées les thérapies cognitivo-comportementales ? 41
    Les thérapies systémiques ou interactionnelles..............41
        Quel est le principe de « système » ?..........................41
    Sur quelle méthode est basée la thérapie systémique ?..42
    Les thérapies d'inspiration analytiques..........................42
        Définition de la méthode psychanalytique...................43
        Qu'est-ce qu'une cure psychanalytique ? 43

- Comment se déroule une thérapie analytique ?..........44
- Les thérapies existentielles et humanistes......................44
  - Qu'est-ce que les thérapies psychocorporelles ? 45
  - Qu'est-ce que les thérapies transpersonnelles ? 45
  - Qu'est-ce que les thérapies créatives ou expressives ? 45
  - Qu'est-ce que les thérapies par la parole ? 46
- Pourquoi ça marche ? 46
- Pourquoi une psychothérapie ? 46
- Quand commencer une psychothérapie ? 47

Moyens physiques expérimentés 48
- Le sport..48
  - Remarques 48
  - Quelle place occupe le sport en psychiatrie ? 48
  - Psychiatrie et sport, la rencontre 48
  - Sport et effets thérapeutiques 49
  - Exemple : la marche quelle thérapie !..........................50
- La kinésithérapie..52
  - Qu'est-ce que la kinésithérapie psychiatrique et psychosomatique ?..52

- Quelle est l'offre du kinésithérapeute ? 53
- Méthodes psychocorporelles expérimentées 56
  - La relaxation 56
    - Quelles sont les différentes méthodes ? 56
    - Quelles sont les applications et les indications de la relaxation ? 58
    - Entrainement à la relaxation..................................59
  - La sophrologie..69
    - Qu'est-ce que la sophrologie ? 70
    - Quels sont les grands domaines d'application de la sophrologie ? 70
    - Qu'est-ce que les sophronisations ? 71
  - Le shiatsu..72
    - Qu'est-ce que le shiatsu ? 72
    - Qu'est-ce qui caractérise le shiatsu ? 72
    - Qu'est-ce qui permet de légitimer le shiatsu comme thérapie ? 73
  - La méditation 74
    - Les notions de base 75
    - Respiration et relaxation 76
    - Qu'est-ce que la méditation contemplative ?..............77

Les thérapies créatives ou expressives 78

L'art-thérapie 78

Les thérapies psychocorporelles 91

L'EMDR (Eye Movement Desensitization and Reprocessing) 91

La cohérence cardiaque 97

Méthodes comportementales expérimentées 100

Thérapie Cognitivo-Comportementale (TCC) 100

Définitions 100

Qu'est-ce que la thérapie cognitivo-comportementale ? 101

Comment la thérapie cognitivo-comportementale (TCC) se déroule-t-elle ? 102

Quels troubles peuvent être traités par la thérapie cognitivo-comportementale (TCC) ? 102

Qu'est-ce que les pensées automatiques ? 103

La thérapie cognitivo-comportementale (TCC) et les changements cognitifs 105

Comment savoir si la thérapie cognitivo-comportementale (TCC) convient à une personne ? 107

A quoi s'attendre lors de sa première visite chez un thérapeute spécialisé en thérapie cotignitivo-comportementale (TCC) ? 108

Comment se déroule une séance de thérapie cognitivo-comportementale (TCC) ? 108

Comment tirer le maximum de la thérapie cognitivo-comportementale (TCC) entre les séances de thérapie ? 109

Quels sont les obstacles courants lors de la thérapie cognitivo-comportementale (TCC) ? 110

Comment faire pour rester en bonne santé après avoir suivi une thérapie cognitivo-comportementale (TCC) ? 110

Changer ses comportements... Intérêt des thérapies cognitivo-comportementales 111

Thérapie analytique de groupe 129

Qu'est-ce que la thérapie de groupe ? 129

Quel est le déroulement d'une thérapie analytique de groupe ? 130

Illustration d'une thérapie analytique de groupe 132

Conclusion 153

Bibliographie 156

Introduction

Je n'en reviens pas que cela me soit arrivé à moi ! Cela semble tellement irréel. C'est si effrayant ! Je me sens comme une extra-terrestre, je ne me reconnais plus au sein des autres. Est-ce courant ? Je me bats avec ces symptômes qui m'envahissent au quotidien. Je suis profondément bouleversée. Existe-t-il un traitement pour me soulager ? Suis-je différentes des autres victimes souffrant de stress post-traumatique ? Tout ce que je sais c'est que les symptômes vécus sont invalidants, souffrants, douloureux.

Presque tout le monde sera confronté un jour ou l'autre à un événement traumatique qui remettra en question sa perception du monde ou de sa propre personne. Les réactions à l'événement sont parfois brèves chez certains alors qu'elles persistent longtemps chez d'autres. Il n'est pas facile de déterminer pourquoi certaines personnes sont plus touchées que d'autres.

Ce qu'il faut savoir, c'est qu'une multiplicité de services d'aide existe en lien avec la variété des difficultés rencontrées par le patient. Parler du passé et faire des liens avec le présent est nécessaire ; mais, construire un pont entre le présent et le futur est également fondamental pour la bonne évolution de la personne. En effet, comment accompagner un individu sur le chemin de la guérison, si celui-ci ne peut percevoir ce futur comme possible ?

Le professionnel peut alors aider son patient en mettant en mots des émotions qu'il perçoit mais qui ne sont pas encore reconnues ou acceptées. Plusieurs outils existent pour exprimer les émotions.

Le travail sur le corps peut être un bon moyen pour certaines personnes de faire ressurgir des émotions enfouies et non assimilées. Le patient peut prendre ainsi conscience de ses tensions musculaires, apprendre à se détendre et permettre enfin l'expression des émotions.

Si la personne ne peut pas effacer le passé, elle peut toutefois transformer le regard qu'elle pose sur son vécu et changer l'impact de celui-ci sur le futur. Le rôle du professionnel est alors d'aider son patient à remplacer les croyances que l'individu s'est construit par des pensées plus réalistes et vraies.

Le stress post-traumatique

Qu'est-ce que le stress post-traumatique ?

Le stress post-traumatique désigne une réaction psychologique à un événement traumatique intense, surtout lorsque la vie est menacée. Ce trouble peut frapper n'importe qui, peu importe l'âge, le milieu culturel ou le sexe. L'individu, dans tous les cas, a été exposé à un événement traumatique qui a suscité chez lui des réactions intenses de peur, de désespoir ou d'horreur.

Quels sont les symptômes courants du stress post-traumatique ?

Le stress post-traumatique est caractérisé par des symptômes qu'on peut classer en trois catégories : l'intrusion, l'évitement et l'hyperéveil.

Les symptômes d'intrusion

Les souvenirs, les images, les odeurs, les bruits et les sensations associés à l'événement traumatique peuvent envahir la vie de la personne qui présente un stress post-traumatique. Il arrive que l'individu soit très habité par le souvenir de l'horreur vécue ce qui va provoquer une grande difficulté à se concentrer sur le moment présent chez la personne. Elle déclare être envahie par des souvenirs pénibles qu'elle veut effacer de son esprit. Elle fait également des cauchemars liés au traumatisme. Ces cauchemars entraînent une sudation abondante pendant le sommeil. Parfois, l'individu a l'impression que l'événement se reproduit, sous forme de flash-back, rappel d'images ou reviviscence de l'événement. Un rappel de l'événement peut plonger la personne dans la détresse et susciter des réactions physiques telles que la sudation intempestive, l'accélération du rythme cardiaque et les tensions musculaires. De manière générale, ces intrusions provoquent une profonde détresse et, parfois, d'autres émotions telles que le chagrin, la culpabilité, la peur ou la colère.

Les symptômes d'évitement

Les souvenirs et les rappels de l'événement traumatique sont très désagréables et engendrent généralement une détresse immense. C'est pourquoi la personne a tendance à éviter les situations, les gens ou les événements qui éveillent le souvenir du traumatisme. Souvent, elle s'efforce de ne pas penser à l'événement, ou de ne pas en parler, et cherche à se couper des émotions pénibles associées aux souvenirs. Ainsi, elle se détache de sa famille, de ses amis et de la société, et devient de moins en moins active. Cette attitude peut l'aider certes à éloigner les souvenirs douloureux, mais elle peut aussi lui donner l'impression de ne plus faire partie du reste de la société, et l'amener à ne plus participer aux activités auxquelles elle prend plaisir normalement. Ainsi, l'individu devient comme insensible à son entourage et n'éprouve plus les émotions normales telles que l'amour et la joie, même à l'égard de ses proches. Ces réactions engendrent parfois la dépression, un sentiment d'isolement et des problèmes familiaux. Il arrive aussi qu'elles suscitent de graves problèmes de motivation ce qui a un impact sur les prises de décisions et les agissements. La personne a du mal également à faire des efforts pour aller mieux ou même pour entreprendre une activité agréable voire même facile. Cette situation peut être très compliquée à vivre pour la famille et les amis qui ont l'impression que l'individu est tout simplement paresseux ou de mauvaise foi.

Les symptômes d'hyperéveil

Souvent, la personne, ayant vécu un traumatisme, est confrontée à sa propre condition de mortel. Sa vision d'un monde sûr et juste, sa croyance dans la profonde bonté de l'être humain s'écroule alors, son sentiment d'être en sécurité s'évanouit. Après l'événement traumatisant, il est fréquent que l'individu perçoive du danger partout ce qui le perturbe, de sorte qu'il a les nerfs à fleur de peau et se tient constamment sur ses gardes. Cet état conduit à l'hyper-vigilance, à des problèmes de concentration, des troubles du sommeil. La colère est une caractéristique dominante du stress post-traumatique. La personne se sent irritable et prête à s'emporter contre elle-même, contre son entourage, contre le monde entier en général. Le plus souvent, elle exprime sa colère verbalement ; mais, parfois, elle se montre physiquement agressive, violente à l'égard du matériel ou des gens, même de ses proches. La puissance de sa colère peut même l'effrayer après coup. C'est ainsi que fréquemment, elle ressent de terribles remords suite à un excès de violence. De tels symptômes engendrent de très gros problèmes dans son milieu de travail, auprès de sa famille, de ses amis.

Pourquoi les réactions de stress post-traumatique surviennent-elles ?

Le stress post-traumatique est souvent lié à une expérience ou à des événements qui dépassent la personne et sont difficiles à accepter, à comprendre. Il ne coïncide pas avec sa vision du monde ou d'elle-même, ni avec sa perception des choses. Lorsqu'un individu subit un traumatisme, il est constamment habité par le souvenir de l'événement, cherchant à lui trouver un sens. C'est sa façon de tenter de composer avec cette expérience pénible. Il a tendance également à chasser les pensées et les émotions pour éviter de sombrer dans la détresse. En conséquence, il arrive que le souvenir s'efface pendant un certain temps, mais le besoin de composer avec l'événement demeure, et le traumatisme ne cesse de refaire surface dans l'esprit de la personne. Ce mouvement de va-et-vient entre les pensées et les sentiments envahissants concernant le traumatisme et les réactions d'évitement, d'anesthésie émotionnelle peut se poursuivre ainsi indéfiniment si l'individu ne prend pas la décision de rompre ce cycle.

Tout au cours du temps où des périodes d'irruptions des souvenirs douloureux s'alternent avec des périodes d'évitement et d'anesthésie émotionnelle, le sentiment de surexcitation persiste. Toutefois, comme un système de détection des menaces est constamment activé, la personne se sent toujours surexcité, nerveuse. Par contre, ce système de détection est tellement sensible qu'il se déclenche continuellement, même en l'absence de tout danger, de telle sorte qu'il empêche la personne de mener une vie normale et heureuse.

Les réactions de stress post-traumatique sont justifiées et appropriées comme réflexes de survie pendant le traumatisme. Lorsque l'origine des symptômes est connue, il est plus facile de comprendre les réactions associées au traumatisme vécu. Ce qui est beaucoup moins évident, c'est de se défaire de certains mécanismes qui n'ont plus raison d'être et qui ont essentiellement pour effet de nuire à la qualité de vie de l'individu.

Quels sont les problèmes liés au stress post-traumatique ?

Le stress post-traumatique n'est pas la seule réaction psychologique à un traumatisme. Il arrive que l'individu présente divers autres problèmes qui peuvent avoir une incidence sur sa qualité de vie, sur sa capacité d'entretenir des relations interpersonnelles et sur sa capacité professionnelle. Ces problèmes découlent en partie des efforts entrepris par la personne pour se dominer, pour maîtriser les symptômes ou l'environnement. De manière générale, les problèmes le plus fréquemment associés au stress post-traumatique sont l'anxiété, l'angoisse, l'addiction. Ceux-ci représentent un énorme handicap pour la personne et a des répercussions sur son entourage.

La dépression

La dépression se caractérise par un moral bas et une perte d'intérêt pour les activités auxquelles la personne prend plaisir normalement. L'état dépressif peut être très intense et aboutir à un détachement total par rapport aux autres personnes et à une anesthésie émotionnelle. Il peut aussi être moins intense pour certains individus, auquel cas la personne a simplement le moral à zéro. Il dure parfois quelques heures, quelques mois voire des années. Un individu souffrant de stress post-traumatique de manière chronique a généralement de graves problèmes de dépression. La dépression est souvent associée à la culpabilité.

La personne qui présente un stress post-traumatique fait souvent état de profonds sentiments de culpabilité, de honte et de remords. Ces sentiments peuvent venir du fait que l'individu a survécu à l'événement alors que d'autres n'ont pas survécu, ou aux gestes qu'il a accompli pour sauver sa vie, ou encore à des actes dont il a honte dans le présent.

L'anxiété

L'anxiété est comme un syndrome d'appréhension et de crainte face à l'éventualité d'un événement désagréable. L'anxiété s'accompagne souvent de symptômes physiques qui sont en soi très effrayants. Dans certains cas, la personne éprouve la peur de mourir ou de perdre la raison.

L'anxiété est souvent associée à certaines situations particulières (exemple : événement social, foule, moyens de transport en commun, etc.), ou il peut s'agir d'une inquiétude générale. Elle devient un gros handicap lorsque la personne qui en souffre cherche à éviter une foule de situations qui provoquent chez elle de l'anxiété. Les symptômes sont très désagréables et peuvent engendrer une grande détresse.

L'addiction

Pour composer ave les symptômes pénibles, il arrive que l'individu se tourne vers l'alcool et les drogues. Or, l'abus d'alcool et des drogues nuit à la capacité de fonctionnement de la personne et à ses relations avec les autres. Il entraîne généralement de graves problèmes dans les relations interpersonnelles, la vie professionnelle, la situation financière, et débouche sur des comportements violents.

Quelles sont les répercussions sur les relations interpersonnelles et la vie personnelle ?

La personne, ayant vécu un traumatisme, est souvent rongée et dépassée par ses sentiments. Son comportement indifférent qui se double des symptômes du stress post-traumatique se répercutent sur les relations familiales, amicales, ainsi que sur la capacité de fonctionnement de l'individu dans divers secteurs de la vie comme le travail et les loisirs.

La vie familiale

Le stress post-traumatique a une incidence directe sur divers aspects de la vie familiale. Un des signes couramment associé à celui-ci est l'incapacité ou la difficulté d'éprouver et d'exprimer des émotions, notamment l'amour et l'enthousiasme. Ainsi, les membres de la famille et les amis se sentent écartés, rejetés, avec pour conséquence que la personne se sent isolée et mal aimée.

Voulant se rassurer quant à sa normalité, l'individu devient parfois très exigeant sur le plan affectif. Il arrive aussi que la dévalorisation de soi-même, l'anxiété, la dépression entraînent une perte d'intérêt totale de l'affection. Cette situation vient généralement renforcer des sentiments de culpabilité, peut aussi blesser les membres de la famille et susciter chez eux de la rancœur.

Le traumatisé a souvent une impression de détachement, le sentiment d'être coupé des autres personnes, ce qui entraîne fréquemment une baisse de la participation aux activités et aux loisirs. L'absence de partage d'activités agréables contribue à la difficulté de mener une vie familiale normale. Souvent, le stress post-traumatique est alors vécu comme un fardeau.

La personne traumatisée est toujours fatiguée, en raison de la perturbation de son sommeil et de la dépression. Elle devient facilement grincheuse, irritable. Epuisé par ses cauchemars, par l'incapacité de bénéficier d'un sommeil réparateur, il arrive souvent que l'individu ait tout simplement moins d'énergie à consacrer à autrui.

Le traumatisé cherche à compenser sa peur et son sentiment de vulnérabilité en ayant recours à la colère pour écarter tout risque perçu. La meilleure forme de défense est l'attaque. La peur incite la personne à avoir une attitude de contrôle envers les membres de sa famille, voulant les protéger contre tous les dangers.

La vie professionnelle

La personne qui a vécu un traumatisme a de la difficulté à s'adapter à la pression dans son milieu professionnel. L'irritabilité, les réactions de sursaut, les changements d'humeur, les problèmes de concentration et de mémoire provoquent des différends dans le milieu de travail et entraînent de fréquents changements d'emploi.

Le patient se montre souvent intolérant à l'égard de l'inefficacité de ses collègues. Certaines personnes deviennent des drogués du travail ; c'est-à-dire qu'ils se retranchent dans leur travail et y consacrent de très longues heures. Cette attitude fait partie de la réaction d'évitement, qui consiste à se tenir très occupé pour éloigner les souvenirs et les pensées désagréables. D'autres ont de la difficulté à être performants au travail en raison de leurs problèmes.

Comment composer avec le stress post-traumatique ?

Peut-on réellement guérir le stress post-traumatique ? Toute personne qui vit un traumatisme en est affectée différemment. Certains des événements vécus peuvent être constructifs. Effectivement, la personne peut à certains égards acquérir une plus grande force, montrer une sollicitude et une compréhension plus profonde envers les individus qui sont dans le malheur. Elle peut être également mieux armée pour faire face aux situations difficiles dans l'avenir. Cependant, certains événements vécus peuvent être négatifs et la moindre frustration ou difficulté devient alors un défi énorme.

Certaines personnes se remettent complètement de leurs traumatismes, et sont pour ainsi dire libérés de tous symptômes de détresse, de perturbation. Chez d'autres, les symptômes persistent, et l'individu apprend alors à gérer et à composer avec eux pour en atténuer les effets sur sa vie.

Quel est le traitement approprié après un stress post-traumatique ?

Il n'est pas évident d'obtenir un traitement approprié suite à un stress post-traumatique. D'abord, la personne doit admettre l'existence d'un problème et être convaincue des bienfaits d'une démarche thérapeutique. La perspective de consulter un professionnel fait souvent peur. En effet, il s'agit d'effectuer un saut dans l'inconnu. Or, sans ce premier pas, il n'y a pas d'évolution possible. Ensuite, il n'est pas toujours facile de trouver un professionnel qui comprend le stress post-traumatique, avec lequel, de plus, on se sent à l'aise et on peut établir une relation de confiance. Il est souvent nécessaire de frapper à plusieurs portes avant de trouver le psychiatre, le psychologue, le psychothérapeute ou le psychanalyste qui convient à sa pathologie. Comme un traitement comporte de nombreuses démarches thérapeutiques, il faut avoir obligatoirement recours à un professionnel de santé chevronné.

Il ne faut pas perdre de vue que le traitement peut être pénible et exigeant. Malheureusement, il n'existe pas de moyen facile de se débarrasser des souvenirs ou de les rendre moins douloureux. L'oubli n'existe pas ; par contre, les avantages à tirer d'une thérapie réussie aident à retrouver une vie normale.

Le traitement du stress post-traumatique comporte plusieurs étapes :

- ✓ la stabilisation de la crise et l'engagement,
- ✓ l'approfondissement des connaissances sur le stress post-traumatique et les affections liées,
- ✓ l'acquisition de stratégie permettant de gérer les symptômes (exemple : l'anxiété, la colère, la dépression, l'addiction, etc.),
- ✓ la thérapie axée sur le traumatisme,
- ✓ la restructuration cognitive qui consiste à apprendre à envisager les choses avec plus de réalisme et à réévaluer le sens de l'événement,
- ✓ le soutien continu.

Comment stabiliser la crise de stress post-traumatique ?

Les symptômes du stress post-traumatique ne sont généralement pas d'intensité égale. Ils ont plutôt tendance à fluctuer, et il y a des moments où ils ressurgissent subitement ou s'aggravent. Même si ce phénomène peut se produire à n'importe quel moment, il est le plus souvent déclenché par des événements rappelant le traumatisme et des événements stressants de la vie.

Dans des périodes particulièrement difficiles, la personne peut être hospitalisée. Pendant son séjour, le psychiatre lui administre des médicaments et lui prescrit une psychothérapie et des activités d'aide psychologique pour surmonter la crise. En plus de stabiliser les symptômes, un séjour en hôpital ou en clinique psychiatrique représente pour l'individu et sa famille une période de répit, de réflexion sur l'avenir.

Il est important de résoudre tout autre événement critique de la vie avant d'amorcer une véritable démarche thérapeutique axée sur le stress post-traumatique. Il faut avoir la capacité de mettre de côté pendant un certain temps tous les problèmes de sa vie quotidienne pour se concentrer uniquement sur le traitement. La thérapie est une démarche exigeante, et personne ne peut la réussir qu'à condition d'y consacrer toutes ses ressources.

Beaucoup de personnes trouvent l'étape thérapeutique très difficile car, dans certains cas, il y a très longtemps qu'elles ont cessé de faire confiance à autrui. Cette démarche, il faut l'admettre, nécessite énormément de courage, mais le jeu en vaut la chandelle. C'est la seule voie vers la guérison.

Comment gérer les signes et les symptômes du stress post-traumatique ?

La première étape du traitement est de comprendre exactement la nature du traumatisme, l'origine de ses symptômes et les raisons qui justifient le choix du mode de traitement. Il est primordial de connaître les signes, les symptômes du stress post-traumatique et de réaliser qu'on n'est pas un cas unique. Il est impératif également de comprendre pourquoi les symptômes se sont manifestés pendant l'événement, mais qu'ils n'ont plus leur raison d'être dans le temps présent. Ils sont devenus des mécanismes inadaptés qui occasionnent uniquement des problèmes et de la détresse. Une bonne compréhension des faits qui sont survenus et des raisons qui expliquent la tournure qu'ont pris les événements facilite la guérison.

Le stress post-traumatique se traduit par de nombreux symptômes qui nuisent au fonctionnement normal de la personne dans la vie courante. Le traitement thérapeutique de ce trouble consiste à offrir à l'individu les stratégies dont il a besoin pour gérer ces symptômes. On fait souvent appel aux médicaments ; malheureusement, ils n'éliment jamais les symptômes. Il existe pourtant des techniques visant à réduire les niveaux d'anxiété, de la colère, de la dépression sans médicamentation.

La gestion de l'anxiété

Techniques de gestion de l'anxiété :

- ✓ les techniques de relaxation réduisent de façon générale les niveaux d'anxiété,
- ✓ les techniques de respiration atténuent les symptômes assimilables à la panique,

- ✓ le monologue intérieur rationnel aide à composer avec les situations stressantes et les pensées déprimantes,
- ✓ les techniques de prévision d'activités agréables et productives aident à gérer l'anxiété.

La gestion de la colère

Stratégies ayant pour objet de réduire l'intensité de la colère :

- ✓ les renseignements sur la nature et la raison d'être en colère,
- ✓ les moyens de reconnaître les premiers signes avertisseurs du stress et de l'irritabilité,
- ✓ les façons de reconnaître les situations à haut risque et de se préparer à y faire face,
- ✓ les façons de réévaluer de manière réaliste la situation et de la mettre en perspective,
- ✓ les stratégies permettant de réduire l'état d'hyperéveil et de garder son sang-froid dans des situations difficiles,
- ✓ les méthodes de communication efficace verbales et non verbales,
- ✓ les façons de distinguer un comportement de soumission d'un comportement agressif,
- ✓ les stratégies de résolution de problèmes permettant de bien gérer les différends,

- ✓ les techniques de distraction et de recul permettant d'éviter les accès de colère,
- ✓ la mise en pratique des techniques de gestion de la colère.

La gestion de la dépression

Stratégies pour réduire et gérer la dépression :

- ✓ augmenter les activités bénéfiques et agréables en les intégrant dans la vie quotidienne,
- ✓ se donner les moyens de comprendre les perceptions que l'on a de soi ou du monde qui peuvent engendrer de la tristesse,
- ✓ être capable de reconnaître des schémas de pensées dépressives,
- ✓ être capable d'évaluer et d'affronter les croyances et les pensées négatives.

Quel est le rôle du psychiatre, du psychologue et du psychothérapeute ?

La psychiatrie est un monde mystérieux qui a toujours fait peur. L'idée d'être soigné par des psychiatres, des psychologues, des psychothérapeutes inquiète. Peut-on réellement leur faire confiance ? Du soin psychiatrique, on ne connait que les neuroleptiques et leur image négative de « camisoles chimiques » ou encore « l'enfermement ».Pourtant, en psychiatrie, les abords thérapeutiques sont pluriels. Ils sont adaptés à la personne et prennent en compte le stade d'évolution de la maladie, les symptômes prédominants, la qualité de l'environnement, le milieu familial et social, les ressources matérielles, psychologiques et culturelles.

Beaucoup de gens se posent encore cette question de nos jours : « A quoi ça sert d'aller voir un « psy » ? » Aller voir un « psy », c'est accepter l'idée d'avoir besoin d'une écoute, d'un soutien pour mieux gérer ses difficultés, pour apaiser ses symptômes. Accepter cette démarche, c'est déjà plus ou moins inconsciemment s'accepter soi-même avec ses doutes, ses peurs. Faire une psychothérapie, c'est surtout créer une relation particulière avec un « psy » dont les règles ont été établies dés le début de la première séance.

Basée sur la parole et sur l'écoute du « psy », cette relation est dite particulière parce qu'elle n'existe nulle part ailleurs, qu'elle est unique, qu'elle prend soin d'éviter tout jugement, qu'elle est entourée du secret, qu'elle ne cherche pas à établir une vérité mais tente d'entendre celle du patient. Elle se caractérise par la neutralité et la bienveillance du thérapeute qui au fil des séances aide la personne à formuler, à mettre en mots les difficultés, les émotions qui ont tendance à déborder.

Le psychiatre

Le psychiatre est un médecin de formation qui a choisi comme spécialité médicale d'exercer la psychiatrie, c'est-à-dire de s'occuper des maladies psychiatriques (schizophrénie, psychose, névroses, angoisses, dépression, maniaco-dépression, autisme) et des difficultés psychologiques des personnes en utilisant aussi bien les médicaments que les entretiens à visée psychothérapeutique.

La consultation est basée sur l'écoute du patient, afin de mieux détecter le type et la nature des troubles. Le psychiatre se concentre sur la connaissance de la personnalité et le comportement du patient.

Les méthodes thérapeutiques du psychiatre sont basées sur la psychothérapie : la thérapie de groupe, la thérapie individuelle, la méthode cognitivo-comportementale…

Les médicaments fréquemment prescrits sont les antidépresseurs (médicaments agissant sur l'humeur), les anxiolytiques (médicaments étant des tranquilisants) ou bien les somnifères (médicaments permettant l'endormissement rapide et évitant les réveils intempestifs).

Le psychologue

Le psychologue a quant à lui suivi des études universitaires en psychologie. Il ne prescrit pas de médicament. Sa connaissance des mécanismes conscients et inconscients de l'esprit lui permet de travailler avec les personnes désireuses de mieux se connaître dans la cadre d'une psychothérapie.

Il n'y a pas de bonnes ou de mauvaises raisons pour consulter un psychologue. Chaque situation est particulière et peut toucher tant la vie privée que professionnelle. Les motifs les plus fréquents énumérés pour la justification d'un suivi psychologique sont les suivants :

- ✓ difficultés dans les relations interpersonnelles (relations difficiles avec l'entourage, dysfonctionnements ou conflits de couple ou familiaux, solitude…),
- ✓ difficultés personnelles (mal-être, peur, angoisse, stress, déprime, fatigue, phobie, toc, troubles alimentaires…),
- ✓ situations douloureuses (deuil, séparation, maladie, traumatisme, burn-out…),
- ✓ prise de décision (clarification d'objectifs, réorientation d'études ou de carrière…),
- ✓ développement personnel (accroître ses potentialités, mieux se connaître…).

Toutes ces raisons et beaucoup d'autres sont valables et sensées. La plupart du temps, on croit pouvoir régler soi-même certaines difficultés. On pense également que le temps finit par arranger les choses. Malheureusement, il n'est pas toujours possible de trouver en soi ou dans son entourage les ressources nécessaires pour faire face à la situation. Le psychologue peut alors aider les personnes à déterminer et à affronter les problèmes pour les résoudre de façon satisfaisante.

Le psychothérapeute

La plupart des psychothérapeutes sont également psychiatres ou psychologues. Le domaine d'intervention du psychothérapeute est très large. Il traite les troubles psychologiques, sociaux et psychosomatiques. Il vous aide à affronter les problèmes existentiels (timidité, complexes, phobie, traumatisme, deuil…).

Les techniques de psychothérapie utilisées sont nombreuses (gestalt-thérapie, thérapies cognitives et comportementales, thérapie analytique, psychanalyse…). Le professionnel utilise l'une de ces méthodes pour aider le patient à comprendre et à résoudre ses troubles. Il peut agir sur le comportement à l'aide d'exercices ou par le biais de l'exploration de l'inconscient.

Qu'est-ce que la douleur psychologique ?

Définition de la douleur psychologique

La perception de la douleur et son expression sont des phénomènes complexes. La douleur est une expérience strictement personnelle et ses manifestations sont propres à chaque être, selon ses croyances, sa culture, son éducation, ses possibilités physiologiques.

La douleur n'est jamais entièrement physique ni entièrement morale. En français, le terme « douleur » désigne aussi bien la douleur physique que la douleur morale. Il n'existe pas de mot pour différencier son expression psychique et son expression corporelle, ou plutôt, ce sont les mêmes signifiants qui sont utilisés : souffrance, douleur, mal. Douleur et souffrance sont donc intimement liées, mais leurs traitements sont différents.

Les pathologies psychiatriques peuvent modifier les modes d'expression habituels de la douleur, compliquer son dépistage, rendre délicate l'évaluation de l'efficacité des traitements.

Peut-on apaiser la souffrance de l'esprit si le corps est douloureux ? Toute personne peut présenter à tout moment une pathologie physiologique douloureuse. Le patient soufrant d'une pathologie mentale ne fait pas exception. Cependant, le dépistage, le traitement et l'évaluation de la douleur sont plus délicats qu'avec des patients souffrant uniquement d'une maladie somatique.

Les changements de comportement peuvent être un signe de douleur corporelle (irritabilité, agressivité, pleurs, agitation ou au contraire repli sur soi, refus alimentaire…).

Quels sont les différents types de douleur ?

Douleur aiguë
C'est une douleur « signal d'alarme ». Toute douleur aiguë engendre un stress plus ou moins important (tachycardie, sueur, malaise vagal) et une réaction émotionnelle anxieuse, qui peut accroître et entretenir la sensation douloureuse.

Douleur chronique
C'est une douleur installée depuis au moins trois mois. Son origine a généralement plusieurs facteurs (exemples : complexité environnementale, psychologique, professionnelle, familiale, etc.). Elle est souvent associée à un état dépressif. Sa prise en charge est difficile et prolongée dans le temps.

Toute douleur engendre un stress plus ou moins important selon le terrain et une réaction émotionnelle, qui peut accroître et entretenir la sensation douloureuse.

Quelles sont les difficultés de l'évaluation de la douleur psychologique ?
En psychiatrie, la douleur est souvent sous estimée du fait même des difficultés pour l'évaluer :

- ✓ manque de réaction émotionnelle des patients en lien à leur pathologie et/ou leur traitement,
- ✓ absence de réactivité comportementale extériorisée,
- ✓ paroles et comportements difficiles à interpréter par les professionnels.

Pour la dépister, bien souvent, il faut observer le patient pendant les soins :

- ✓ apparition de changements de comportements (pleurs, cris, agitation, mimiques inhabituelles, etc.),
- ✓ automutilation,
- ✓ plaintes spontanées par la parole ou le geste,
- ✓ apathie, déprime, repli sur soi, etc.

Comment soulager la douleur psychologique ?

Associées ou non aux traitements médicamenteux, différentes techniques peuvent être proposées au patient. Elles ont alors une place essentielle en santé mentale.

Celles-ci sont toujours adaptées à la pathologie mentale. Ces techniques peuvent être divisées en trois catégories : les moyens physiques, les méthodes psychocorporelles, et les méthodes comportementales.

Moyens physiques

Les *exercices* physiques, actif ou passif, fractionné et progressif, dés le lever, comme renfort musculaire, aident à reprendre confiance en son corps et ses capacités, à réduire le stress et à favoriser la détente.

L'*application directe ou alternée de froid et de chaud* aide à diminuer les douleurs néfastes, inflammatoires, musculaires, physiologiques.

Le *toucher,* le *massage,* la *balnéothérapie,* la *kinésithérapie* aident à mieux ressentir son corps, à apprécier les moments de détente, facilite le lien patientsoignant, réduit les réponses liées au stress des gestes potentiellement douloureux.

Méthodes psychocorporelles

C'est l'ensemble des approches psychothérapeutiques partant du corps ou se servant du corps comme médiation.

La *relaxation,* l'*hypnose,* la *sophrologie,* le *yoga,* la *musicothérapie,* le *théâtre,* la *danse,* la *distraction* diminuent l'anxiété, le stress et la douleur.

Méthodes comportementales

Elles visent à amener le patient à modifier son comportement.

Les *Thérapies Cognitivo-Comportementales (TCC)* validées pour la douleur chronique ont pour objectif d'amener le patient à réussir les changements qui lui permettent de mieux vivre son quotidien en l'aidant à définir ses limites et à fixer des buts réalisables et importants pour lui. L'accent est mis sur l'activité du patient d'une part et sur l'identification des connaissances et des émotions qui lui sont associées d'autre part.

L'*imagerie mentale* se focalise sur une situation agréable tout en s'éloignant des sensations perçues.

Le *conditionnement opérant* diminue les conduites mal adaptées et renforce les stratégies adaptées de « faire face ».

Le *biofeedback,* qui fait partie des techniques ludiques, permet au patient de comprendre et moduler certaines réponses physiologiques.

Thérapeutiques non pharmacologiques

Lorsque le stress est important, quelques méthodes peuvent être utilisées : la respiration abdominale, la communication, la distraction, etc.

Que se passe-t-il en psychothérapie ?

Pour quiconque se sent psychologiquement vulnérable ou fragile, se lancer à la recherche d'une psychothérapie peut paraître une entreprise particulièrement éprouvante. Parmi toutes les psychothérapies, y en a-t-il de plus efficaces que d'autres ? Quand et comment devrait-on y avoir recours ?

Qu'est-ce qu'une psychothérapie ?

La psychothérapie est un traitement par des moyens psychologiques, qui se fait par des entretiens réguliers, individuels ou en groupe, avec un psychothérapeute. Elle peut être pratiquée seule ou associée à d'autres thérapeutiques (exemple : prescription de médicaments).

Qui peut en bénéficier ?

La psychothérapie s'adresse à des personnes de tous les âges, mais aussi aux couples et aux groupes familiaux. Elle peut aider toute personne ayant une souffrance psychique, exprimée par des symptômes tels que : angoisse, tristesse, crise de panique, phobies, obsessions, dépression, idées suicidaires, perte de confiance en soi, isolement, inhibition, difficultés relationnelles, troubles alimentaires, troubles sexuels ou troubles du sommeil.

Ces symptômes peuvent apparaître dans le cadre :

- ✓ d'une névrose, chez une personne consciente de ses troubles, qui n'est pas coupée de la réalité et qui demande de l'aide,

- ✓ d'une psychose, chez une personne peu ou pas consciente de ses troubles, mais intéressée à mieux comprendre sa souffrance,

- ✓ d'une addiction à l'alcool ou aux drogues,
- ✓ de troubles psychosomatiques (ex : asthme, eczéma, douleur, etc.),
- ✓ de troubles réactionnels à une situation traumatisante ou à une situation conflictuelle dans un couple, une famille, au travail ou à l'école.

Les thérapies cognitivo-comportementales

Les thérapies cognitivo-comportementales considèrent que dans la maladie, ce sont les mécanismes qui structurent la pensée qui sont en cause (exemple : traitement des informations, etc.). Le professionnel essaie donc de rééduquer ces fonctions déficientes et fait appel aux capacités intellectuelles pour mieux gérer, voire pour faire disparaître certains symptômes.

Les thérapies cognitivo-comportementales aident à progressivement dépasser les symptômes handicapants, tels que le stress, les évitements et les blocages, les réactions agressives, ou la détresse à l'origine de souffrance psychique.

Pour quels types de troubles ?

Les thérapies cognitivo-comportementales traitent particulièrement les troubles anxieux. Leur efficacité est la mieux établie, en association ou non au traitement médicamenteux, dans le trouble panique et dans le trouble anxieux généralisé. Elles sont également efficaces dans l'état de stress post-traumatique, dans les troubles obsessionnels compulsifs, dans les phobies sociales et diverses phobies spécifiques, dans le traitement de troubles dépressifs, les troubles du sommeil, les états de dépendance (exemple : conduites addictives, etc.), certains aspects des troubles psychotiques, les troubles alimentaires, les troubles fonctionnels.

Les thérapies cognitivo-comportementales sont indiquées pour toute personne en souffrance, enfant, adolescent, adulte, et personne âgée, désireuse de retrouver un mode de vie autonome et plus en adéquation avec les exigences de la réalité, et suffisamment motivée pour s'investir en tant qu'acteur dans un programme de soin permettant d'endiguer ses difficultés.

Quels sont les objectifs des thérapies cognitivo-comportementales ?

Pour aider la personne à trouver ou à retrouver son autonomie et des relations interpersonnelles plus faciles, les thérapies cognitivo-comportementales ciblent les objectifs suivants :

- ✓ s'affirmer, en se confrontant aux situations stressantes par une acclimatation progressive,

- ✓ endiguer de façon efficace le symptôme sous ses multiples formes, en modifiant les à priori et les idées obsédantes véhiculées par l'anxiété,

- ✓ travailler à la restauration revalorisante de sa propre image, en reconsidérant ses réelles qualités et potentialités,

- ✓ lutter contre les conflits internes et les croyances anxiogènes (exemple : sources d'anxiété, etc.),

- ✓ chercher des moyens alternatifs, qui permettent d'identifier et de corriger les pensées automatiques.

En résumé, les thérapies cognitivo-comportementales aident la personne à mieux comprendre les schémas de pensées négatives à l'origine de la détresse psychique.

Sur quelle méthode sont basées les thérapies cognitivo-comportementales ?

Les thérapies cognitivo-comportementales sont basées sur la correction des pensées ou connaissances négatives et l'apprentissage de comportements nouveaux et adaptés. Les idées fausses par rapport aux aptitudes réelles de la personne induisent souvent des conduites d'évitements, de passivité, qui empêchent le contrôle des actions et peuvent aboutir à un état dépressif ou aggraver un état psychotique.

Dans la majorité des cas, ces émotions pénibles et leurs cortèges de répercussions, ne peuvent disparaître spontanément et durent parfois toute une vie.

Les thérapies systémiques ou interactionnelles

Les thérapies systémiques font l'hypothèse que la maladie est responsable des répercussions négative dans le système familial. Le professionnel propose donc une psychothérapie centrée sur la communication et les ressources. Plusieurs membres de la famille sur plusieurs générations peuvent être invités à participer aux séances. C'est ce qu'on appelle la thérapie familiale.

Quel est le principe de « système » ?

Selon cette théorie, la famille est considérée comme un « système », dont les processus de réaction et de communication peuvent dysfonctionner. Aider le patient qui va mal dans la famille, l'amener à changer, c'est aussi aider les autres membres de la famille à accepter de redéfinir leurs rôles et leurs fonctions. Ces évolutions de chacun sont nécessaires si la famille veut dépasser l'état de crise qu'elle traverse pour aller vers un équilibre plus satisfaisant.

Sur quelle méthode est basée la thérapie systémique ?

La thérapie familiale systémique est une technique spécifique de psychothérapie, qui a pour but de favoriser les échanges entre les membres d'une famille.

Le thérapeute doit permettre aux membres d'une famille :

- ✓ d'évoluer ensemble vers un fonctionnement plus souple,
- ✓ de dépasser une situation de crise,
- ✓ d'autoriser l'évolution individuelle de chacun des membres,
- ✓ de trouver de nouveaux équilibres.

Cette évolution tient compte des événements et de l'histoire de la vie de groupe. Au cours des séances, le dialogue des membres de la famille entre eux et avec le thérapeute aide à comprendre et résoudre les problèmes ou difficultés rencontrés par la famille.

Les thérapies d'inspiration analytiques

Les thérapies d'inspiration analytiques proposent en fait un travail de fond qui tente de mettre des liens entre une souffrance actuelle et le passé historique du patient. La personne est ainsi amenée à prendre progressivement conscience de l'influence de ses conflits inconscients et à s'en dégager progressivement. Certains des outils classiques des thérapies analytiques sont l'association verbale libre, l'analyse des rêves, la tenue d'un journal personnel, la projection de désirs ou de situations inconscientes du patient vers son thérapeute.

Définition de la méthode psychanalytique

Cette méthode de psychothérapie considère que le psychisme humain fonctionne sur la base des conflits liés au développement de la personne. Pour chaque individu, les expériences de l'enfance, même très précoces, s'inscrivent dans l'inconscient et se retrouvent, transformées, dans toute la vie d'enfant et d'adulte. Tous ces événements laissent des traces profondes, en partie inconscientes, qui conditionnent l'équilibre psychique et le plaisir ou la difficulté à vivre. Chacun de nous peut, en prêtant attention à ses rêves, ses oublis, ses lapsus, ses actes et ses réactions face à certaines situations, saisir des tendances qui sont inconscientes.

Qu'est-ce qu'une cure psychanalytique ?

Selon la théorie psychanalytique, les problèmes psychologiques rencontrés par la personne sont en rapport avec son passé individuel et familial. La psychanalyse a pour but de faire revenir au niveau conscient les conflits et traumatismes enfouis dans l'inconscient qui sont à l'origine de troubles psychologiques actuels. Ces épisodes refoulés ont disparu de la conscience, mais, ils restent actifs ou agissants et provoquent angoisse, dépression, refoulement et autres symptômes.

En parlant de son enfance, son adolescence et sa vie actuelle, la personne prend conscience des sentiments conflictuels qui y sont liés. La psychanalyse lui permet de mieux comprendre ces conflits, de leur donner un sens nouveau et d'éviter qu'ils ne se répètent dans la vie actuelle sous forme de symptômes psychiques. La cure psychanalytique a pour objectif de soulager la souffrance psychique de la personne et lui permettre de récupérer sa capacité à agir et à profiter de l'existence.

Comment se déroule une thérapie analytique ?

La psychanalyse est une technique de psychothérapie fondée sur l'utilisation de la parole. Le patient exprime, en essayant de ne pas faire de choix volontaire, les idées, images, rêves et souvenirs qui lui viennent à l'esprit spontanément. C'est l'association libre des idées et des images mentales qui donne un accès privilégié aux conflits inconscients de la personne.

Le psychanalyste écoute la personne et coordonne les significations inconscientes de son discours. Il communique au patient ce qu'il a compris de la signification inconsciente de ses paroles ou de ses conduites : c'est une interprétation. Ces interprétations doivent aider le malade à prendre conscience de l'origine de ses symptômes, de ses blocages ou de son mal-être, ou à comprendre autrement une période importante de sa vie. Le conflit, rendu plus conscient, mieux compris sous différents aspects et intégré à la vie de la personne, s'atténue et devient progressivement moins gênant.

Les thérapies existentielles et humanistes

Les thérapies humanistes se fondent sur la capacité du patient à diriger son existence et à se réaliser pleinement. L'accent est mis sur le moment présent, sur la capacité de la personne à prendre conscience de ses difficultés actuelles, à les comprendre et à modifier en conséquence sa façon d'être ou d'agir. On peut diviser cette famille thérapeutique en quatre groupes : les thérapies psychocorporelles, les thérapies transpersonnelles, les thérapies créatives ou expressives et les thérapies par la parole.

Qu'est-ce que les thérapies psychocorporelles ?

Les thérapies psychocorporelles agissent sur le psychisme par l'intermédiaire du corps. Elles y parviennent de différentes façons, soit en utilisant l'énergie de la respiration (exemple : respiration abdominale, etc.), soit par un toucher de la part du thérapeute (exemple : méthode Trager, etc.), soit en se servant du corps comme déclencheur d'une verbalisation de type analytique (exemple : Gestalt, Sophro-analyse, etc.), soit enfin en permettant au mouvement d'aider le psychisme à se rééquilibrer (exemple : EMDR_Eye Movement Desensitization and Reprocessing).

Qu'est-ce que les thérapies transpersonnelles ?

La psychologie transpersonnelle s'intéresse aux états non ordinaires de conscience comme l'extase, la conscience aiguë de son être profond, le mysticisme, etc. Ayant pour objet la pleine réalisation de la personne, elle se préoccupe des perturbations résultant de crises existentielles, de crises d'émergence spirituelle, etc.

Qu'est-ce que les thérapies créatives ou expressives ?

Les thérapies créatives ou expressives font appel aux capacités créatives essentielles à chacun. Que ce soit par le dessin, la danse, la musique, etc, la personne est appelée à laisser émerger ce qui se cache au fond d'elle-même. Ces approches sollicitent l'imagination, l'intuition, la pensée et les émotions à travers le corps.

Qu'est-ce que les thérapies par la parole ?

Les thérapies par la parole nécessitent une relation de confiance, d'intimité et de sécurité avec le thérapeute. Elles permettent des prises de conscience et des découvertes qui peuvent ensuite mener à des changements de comportement et d'attitude par le biais de divers exercices (visualisations, jeux de rôles, dessin, analyse des rêves, etc.).

Pourquoi ça marche ?

Que la majorité des psychothérapies bien menées puissent être efficaces ne signifie pas pour autant que toutes les psychothérapies soient équivalentes pour tout le monde. Les quatre éléments qui sont primordiaux pour réussir une thérapie sont :

- ✓ l'implication et la détermination du patient,
- ✓ la qualité de l'alliance thérapeutique entre la personne et le thérapeute,
- ✓ la confiance en l'efficacité du traitement,
- ✓ la spécificité de l'approche thérapeutique privilégiée.

Pourquoi une psychothérapie ?

On entreprend une psychothérapie pour cesser de souffrir psychologiquement (exemples : phobies, angoisses, anxiété, panique, déprimes récurrentes, etc.), régler des problèmes affectifs ou relationnels (exemples : obsessions, timidité, estime de soi, etc.), modifier des comportements qui nuisent au bien-être (exemples : stress post-traumatique, dépendances diverses, maux imaginaires, etc.), faire face à une crise existentielle (exemple : réorientation de carrière, etc.).

D'une façon générale, on peut dire que les problèmes psychologiques, excluant les maladies mentales, relèvent de la rencontre de facteurs personnels (exemples : tempérament, mode de vie, etc.) et sociaux (exemples : expériences affectives, éducation, classe sociale, culture, etc.).

Quand commencer une psychothérapie ?

Il est conseillé de recourir à une thérapie lorsqu'on n'est plus en mesure d'exécuter les tâches quotidiennes comme se rendre à son travail, prendre soin de soi, s'occuper de la maison, etc., lorsqu'on a l'impression que plus personne ne nous comprend ou que les gens nous évitent et que leurs conseils sont inutiles, lorsqu'on ne réussit pas à surmonter une épreuve ou un traumatisme, lorsqu'on se sent constamment déprimé, angoissé, tendu, en colère ou irrité, lorsqu'on a de plus en plus de difficulté à dormir, lorsqu'on a peur d'affronter des situations qui semblent banales pour les autres, lorsqu'on pleure souvent, lorsqu'on estime que la vie n'a plus de sens, etc.

Moyens physiques expérimentés

Le sport

Contrairement aux idées reçues, le sport soigne, il a des effets sur les pathologies mentales. Quel est le rapport entre activité physique et psychiatrie ?

Remarques

Le sport tient une place de premier ordre dans notre société. Suscitant l'intérêt général, fascinant le collectif, il est investi massivement. Le sport fait rêver, il anime, donne vie. Enflammant les esprits, déclenchant les émotions les plus vives, il peut aussi bien rassembler autour de sa cause que diviser et être à l'origine de haines farouches. Il se présente comme un lieu privilégié d'expression de la passion humaine. Le sport aide tout autant à se maintenir en forme, à être bien dans son corps qu'à garder le moral, à se sentir bien dans sa tête. Il contribue tout simplement à l'équilibre de l'Homme et à sa santé.

Quelle place occupe le sport en psychiatrie ?

Les activités sportives font partie de la vie institutionnelle. Elles sont plutôt considérées comme des activités annexes, occupationnelles. Une attention modeste leur est accordée, les soignants se tournant davantage vers d'autres axes thérapeutiques. Alors, pourquoi existe-t-il encore cette distance entre le sport et la psychiatrie ?

Psychiatrie et sport, la rencontre

L'idée de traiter la maladie psychologique par le corps n'est pourtant pas récente. Effectivement, dans l'antiquité, on traitait déjà la maladie mentale par le corps. De nos jours, la psychiatrie s'ouvre enfin sur l'extérieur et des interactions entre le dedans et le dehors s'instaurent. La politique du secteur psychiatrique vise à soigner les malades à l'extérieur, en favorisant leur autonomie, en encourageant leur socialisation et en cherchant à offrir une vie la plus « normale » possible au patient considéré comme un semblable. C'est dans cette optique que la psychiatrie croise le chemin du sport en tant qu'outil thérapeutique.

Les activités physiques ont leur place dans le soin en psychiatrie avec des objectifs précis tels que l'acquisition d'une autonomie, l'amélioration du comportement relationnel, la prise de conscience et l'affirmation de soi, la canalisation de l'impulsivité et de l'agressivité, etc. Le sport a donc des vertus thérapeutiques qui modifient les relations, en les rendant signifiantes et symboliques, d'où l'amélioration de l'état de santé du patient. Le sport permet de restaurer les capacités de la personne, en lui offrant la possibilité de s'exprimer, avec son corps en mouvement. Le plus important est la conquête ou la reprise de la capacité d'exister par rapport à soi-même et non plus par rapport à autrui.

Sport et effets thérapeutiques

Le sport, en psychiatrie, divertit, pallie à l'ennui, à l'inactivité qu'engendre la maladie. Il est un temps d'évasion qui dynamise, lutte contre l'apathie. Il permet au patient de se redécouvrir, il réveille, redonne la vie au corps négligé, inhabité, abandonné et la vie au sujet absent à lui-même, dépersonnalisé, isolé. La personne se rencontre sur un autre terrain, en dehors de son statut de malade. Le sport restitue une liberté d'action, d'abord sur le corps car il aide chacun à se l'approprier, à faire avec ce corps. Le sport est un lieu de décharge des tensions internes, permet d'apprendre à canaliser son énergie, à maîtriser ses sensations, ses émotions, ses pulsions en les mobilisant à d'autres fins.

Grâce à lui, le patient est sécurisé, valorisé. Il apprend à compter sur lui-même, à s'aimer, ce qui l'encourage à s'ouvrir à la relation de l'autre. L'activité physique responsabilise, fait gagner de l'autonomie en rendant la personne plus actrice de ses choix, de ses projets. Les différents symptômes, de l'ordre de l'anxiété, de la culpabilité, de tensions liées à des conflits internes, etc. trouvent dans le sport un champ favorable à leur résolution. C'est un exutoire pour décharger l'angoisse, l'agressivité, etc. Le sport aide à construire des repères, à faire exister des limites. Il permet également de trouver une sécurité interne. Le patient se trouve de ce fait moins envahi. Son rapport à l'autre se modifie. Autrui devient moins intrusif ce qui favorise la rencontre.

Exemple : la marche quelle thérapie !

Marcher, c'est se délivrer de l'urgence, retrouver des sensations oubliées. Le marcheur abandonne provisoirement toutes les contraintes de la vie quotidienne. Marcher, c'est se délivrer du stress, du rendement. C'est trouver le temps de vivre. Le marcheur est ouvert au monde, disponible à ce qui vient.

Marcher, c'est réintégrer son corps, quitter l'ère de l'humanité et renouer avec la nature. Le marcheur redécouvre son corps à travers des sensations musculaires oubliées. Il sent une fatigue physique qui monte en lui lentement. Mais cette fatigue fait du bien.

Marcher renvoie à soi-même. En profondeur. A ce qui compte dans notre existence. Même si on marche seul, on plonge inévitablement dans un interminable dialogue intérieur. Des visages reviennent dans l'esprit, l'émotion saisit le marcheur à la vue d'un paysage.

La marche recèle assez de puissance et de beauté pour délivrer de beaucoup de souffrances. Elle élague, elle remet les choses en place, elle permet de retrouver le chemin du cœur et le sens de la vie. Il n'est d'ailleurs pas rare qu'en marchant se prennent des décisions importantes, qui changent une existence. C'est vraiment une formidable thérapie.

En résumé, le cerveau émotionnel contrôle une grande partie de la physiologie du corps et a un effet direct sur la conscience. Tout le monde sait que les émotions peuvent moduler la façon de penser et les capacités intellectuelles, mais la détente émotionnelle engendrée par le sport favorise aussi la concentration et permet d'appréhender au mieux le stress de la vie quotidienne. La pratique régulière, au moins trois fois par semaine, de sport favorise la sécrétion d'endorphine, molécule intervenant dans le plaisir et le bien être. Un des objectifs est, en outre, d'aller à la rencontre des autres et ainsi de valoriser la resocialisation du patient par la participation à des tournois sportifs.

Faire du sport, c'est s'occuper de son corps, consacrer du temps à soi, c'est aussi prendre le temps de s'écouter un peu. Cette intimité retrouvée avec soi-même permet de se sentir physiquement exister. Pratiquer un sport fait redécouvrir ses aptitudes, ses capacités oubliées ou inconnues. Réussir ou simplement progresser dans un sport, tenir les objectifs fixés, favorise l'estime et la confiance en soi, permet aussi de renforcer ses défenses afin d'affronter plus aisément le monde extérieur. Le sport atténue les angoisses, facilite l'émergence de pensées positives, canalise l'agressivité, aide à la maîtrise de ses pulsions. Il permet de découvrir ses limites et ainsi améliore ses réactions relationnelles. Hormis l'impact positif sur le cerveau émotionnel, le sport agit également sur la cognition, augmente les capacités de concentration, de réflexion.

La kinésithérapie

Qu'est-ce que la kinésithérapie psychiatrique et psychosomatique ?

Le corps est conçu comme porteur d'expériences importantes et forme donc une source essentielle pour la connaissance de soi-même. Nos pensées et nos sentiments sont vécus et exprimés dans le corps.

Le stress, l'anxiété et l'agitation sont la plupart du temps refoulés dans le corps. Des tensions réprimées influent sur l'équilibre, le souffle, l'accès des pensées et des sentiments dans le temps. Lorsque celles-ci ne sont pas régularisées par des détentes, une tension d'accoutumance s'installe alors. Cette tension d'accoutumance peut se développer en douleurs chroniques, qui changent l'estime de soi et l'image du corps.

Lors de troubles psychiques, des problèmes corporels font souvent partie des symptômes. Il y a aussi beaucoup de souffrances psychiques, qui montrent qu'une activité physique adaptée, avec d'autres traitements également, réduisent les symptômes.

Quelle est l'offre du kinésithérapeute ?

Le massage

Le massage est le plus souvent ressenti comme quelque chose d'agréable à travers la détente qu'il entraîne. Il a principalement de l'intérêt chez le patient utilisant son corps comme lieu principal de symptômes, comme vecteur essentiel de communication : corps tourmenté, tordu, souffrant, plaintif, en surcharge, accusant tous les maux, etc.

L'optique globale de soin est de proposer au patient un changement de regard sur son corps par un vécu corporel différent de celui qu'il a tendance à se forger spontanément. Le massage propose alors au malade une situation de redécouverte de sensations qui peuvent être intériorisées. Il est le type même de communication non verbale.

Il ne faut pas croire que le massage est à employer systématiquement. Parfois, la relation avec autrui est perçue comme dangereuse et angoissante à l'extrême, il n'est alors pas possible de supporter ce type de contact avec le professionnel. Le massage devient, dans ce cas, comme une agression.

La balnéothérapie

La balnéothérapie a des effets comparables aux massages. L'eau, à température agréable, apporte une détente incontestable. L'enveloppement du corps est total et uniforme. Le bain est un mode d'approche intéressant, parfois le seul adapté car il est contenant, enveloppant, sécurisant. Les mouvements dans l'eau permettent un certain contrôle des sensations par rapport au milieu ambiant.

Le patient se coupe par ce biais de son environnement anxiogène, voire agressif. Il se rassure, se déculpabilise et apprend à récupérer. La balnéothérapie est très souvent appliquée aux patients présentant des troubles anxieux. C'est un traitement différent et complémentaire des autres approches thérapeutiques, qu'elles soient pharmacologiques ou psychothérapeutiques.

La kinésithérapie

La kinésithérapie ne comprend ni le massage ni la balnéothérapie. C'est la pratique de la rééducation, gymnastique, physiothérapie, etc. Il n'y a pas de contact cutané entre le patient et le professionnel. Le travail s'effectue par le biais de matériel.

Les autres techniques

Le kinésithérapeute dispose également d'autres techniques qu'il peut utiliser comme les massages réflexes, l'ostéopathie, l'Ortho-Bionomy, etc.

L'Ortho-Bionomy

L'Ortho-Bionomy permet l'exploration et la résolution des mémoires corporelles responsables des tensions physiques et d'un grand nombre de manifestations de mal-être : fatigue, stress, douleurs dorsales et articulaires, maux de tête, dysfonctionnements organiques, etc. A l'écoute des messages du corps, l'orthobionomiste accompagne le patient jusqu'au relâchement de ses tensions et de ses blocages psycho-émotionnels. Il travaille avec la personne, et non sur la personne, en amenant le corps à résoudre lui-même ses conflits. Cette technique, le réflexe auto-correcteur, utilise des postures antalgiques prises par le corps pour éviter la douleur. En libérant ces tensions et en aidant à intégrer ces vécus, l'Ortho-Bionomy propose au patient de retrouver l'autonomie physique et psychique.

Méthodes psychocorporelles expérimentées

La relaxation

Le mot relaxation est fréquemment utilisé dans le langage courant en terme de simple détente, mais la relaxation est bien plus qu'une simple décontraction. Les méthodes de relaxation sont des procédés thérapeutiques visant à obtenir chez l'individu une décontraction musculaire et psychique à l'aide d'exercices appropriés. La décontraction musculaire aboutit à un tonus de repos, base d'une détente physique et psychique. La relaxation est ainsi une technique de recherche d'un repos le plus efficace possible, en même temps que d'économie de forces nerveuses. Se relaxer permet d'acheminer l'individu vers un équilibre personnel afin de se sentir « bien dans sa peau », et non plus simplement détendu.

Quelles sont les différentes méthodes ?

La méthode de Jacobson

Son but est de faire relaxer le patient sous tensions. Le relâchement musculaire est obtenu par une éducation du sens musculaire et une prise de conscience des modalités de fonctionnement musculaire dans le couple contraction-relâchement et non par des techniques de concentration mentale. Les relaxations neuromusculaires permettent ainsi l'obtention du calme dans le domaine psychique.

Ainsi, il existe une relation entre le vécu émotionnel (émotion, anxiété, contrariété) et le degré de tension musculaire. Le patient détend progressivement tous ses muscles pour réduire et prévenir l'activation émotionnelle.

La méthode de relaxation est fondée sur la prise de conscience des différentes sensations fournies par les muscles au repos et les muscles en tension. Cette prise de conscience permet avec l'entraînement une réduction volontaire du tonus musculaire, entraînant une réduction de la tension psychique.

Le training autogène de Schultz

La décontraction musculaire et viscérale est envisagée comme support pour permettre un relâchement psychologique, une détente mentale. Elle n'est qu'un moyen d'aboutir à un état de déconnexion centrale psychique, un état hypnoïde. Le training autogène de Schultz se présente comme une auto-hypnose associée à une concentration de la conscience et du travail imaginatif sur certaines impressions générales choisies résultant de l'ensemble des sensations corporelles.

Chaque séance commence par la formule : « Je suis tout à fait calme ». Ensuite l'induction fait intervenir la pesanteur, la chaleur, le rythme cardiaque, le rythme respiratoire, la chaleur du creux épigastrique et enfin la fraîcheur du front. Ces formules favorisent la concentration sur la vie corporelle et l'apparition de l'état d'auto-hypnose où le patient n'est ni en sommeil, ni en état de veille, la conscience étant déconnectée de la réalité par une immersion intériorisante qui facilite la méditation. Cette méthode d'auto-entraînement se décompose en cinq phases : lourdeur, chaleur, cœur qui bat calme et fort, plexus solaire chaud, front frais. La personne se focalise sur ses sensations pour « déconnecter » le mental.

La méthode de Jean Ajuriaguerra

L'hypothèse est que le patient éprouve des difficultés de relation à autrui, présente aussi une tension anxieuse importante avec des incidences psychologiques et physiologiques qui provoquent un cercle vicieux. La méthode implique la notion d'image du corps. Grâce au travail psychothérapique, le patient prend conscience de ses réactions énergisantes, la décontraction souhaitée. La personne acquiert progressivement la sensation d'une nouvelle maîtrise de soi. Cette méthode de relaxation utilise le vécu personnel, l'analyse des résistances et la relation thérapeutique médecin-malade tout en tenant compte des aspects transférentiels et de l'analyse du vécu corporel.

La méthode à inductions multiples

Cette méthode est également nommée relaxation de sens analytique. Le patient procède à des élaborations verbales, des sensations vécues corporelles et affectives qui sont interprétées de façon analytique par le professionnel. Ce type de relaxation permet de modifier les rapports entre le corps et la transmission de la parole et donc également la relation transférentielle médecin-malade.

Quelles sont les applications et les indications de la relaxation ?

Les applications possibles de la relaxation sont très larges. Cette thérapie psychocorporelle intervient à la fois sur le plan corporel, psychologique. Les indications thérapeutiques sont donc nombreuses.

La relaxation apporte une amélioration de son image de soi bienfaisante, elle permet de traiter l'anxiété et participe à l'amélioration de la qualité de la vie. Elle peut aider également à obtenir une détente réparatrice, à augmenter l'efficacité mentale, les capacités physiques, à permettre une meilleure maîtrise des émotions, de la gestion du stress, du contrôle de soi et favoriser la capacité à affronter les situations angoissantes ou stressantes. Elle permet de favoriser les désensibilisations, par exemple aux situations angoissantes ou douloureuses.

Dans une perspective de gestion mentale, la relaxation est aussi utilisée comme aide à l'acceptation ou à la méditation dans les thérapies d'acceptation et d'engagement ou dans la thérapie de pleine conscience.

Entrainement à la relaxation
Transcription d'exercices de relaxation donnés par les soignants de la clinique Lyon Lumière de MEYZIEU :

POUPQUOT FAIRE DE LA RELAXATION ?

*La relaxation est un phénomène **naturel** et **nécessaire à la santé** : elle permet de dépenser le moins d'énergie possible quand ce n'est pas utile et de se reposer de la fatigue correspondant aux efforts physiques indispensables pour vivre : **manger, travailler, faire du sport, avoir des activités relationnelles, etc.***

*Notre organisme fonctionne de manière automatique sous le contrôle du **système nerveux** autonome qui ne sait faire que deux choses : accélérer ou ralentir le fonctionnement de notre corps.*

*Ce système nerveux autonome se compose en fait de deux parties **antagonistes** :*

- *Le système nerveux **parasympathique** qui ralentit le fonctionnement du corps : relâcher les muscles, ralentir la respiration et le cœur...*
- *Le système nerveux **sympathique** qui au contraire, accélère le fonctionnement de la plupart des organes : tonifier les muscles, accélérer la respiration et le cœur...*

Il n'est pas possible d'être calme et anxieux en même temps.

Ce principe est très utilisé en thérapies comportementales pour lutter contre les phobies spécifiques et les crises anxieuses.

*Notre société actuelle nous conduit à utiliser **prioritairement** le système nerveux sympathique qui a tendance à s'emballer : le stress de la vie quotidienne (pour ne citer que le téléphone, la conduite automobile, les conflits...) sollicite régulièrement ce système d'accélération et rend la grande majorité des gens tendus, anxieux et irritables.*

*Bien évidemment, les **réactions individuelles** sont très différentes, mais le principe de base reste le même pour tous. Certaines personnes sont simplement plus **fragiles** que d'autres et plus **réceptives** aux réactions de stress, ce qui explique que leurs réactions soient plus fortes, plus amples et plus durables.*

*Quand le système sympathique prend le dessus, les **émotions** se font de plus en plus fortes : le stress renforce l'anxiété et la colère. Les capacités de raisonnement* *deviennent de moins en moins efficaces et les comportements sont souvent inadaptés.*

*La relaxation permet d'**entraîner** le système nerveux parasympathique et de rétablir un **équilibre** entre ces deux systèmes, équilibre qui est souvent rompu.*

Développer ses compétences dans ce domaine présente trois intérêts majeurs :

1. *il est possible de **réagir** moins vite et moins fort à des réactions de stress en redynamisant le système parasympathique ;*

2. *il est possible d'**abaisser** son seuil de tension par une pratique régulière et continue ;*

3. *il est possible de **contrôler** son activité émotionnelle et de **bloquer** des crises anxieuses ou des montées de stress face à certains facteurs.*

S'entraîner à rester calme dans les situations difficiles est une nécessité pour mieux réagir et apprendre à développer de nouveaux comportements plus adaptés à ces situations.

La relaxation favorise le repos intellectuel et physique, tout en maintenant un niveau optimal au sein de l'organisme afin de lui permettre de réagir le mieux possible (ni trop, ni pas assez) face aux situations qu'il doit affronter.

*Etre capable de se mettre en situation de calme quand cela est nécessaire, est l'une des meilleures manières de **conserver son potentiel** face à des situations stressantes : **rester vigilant, contrôler ses émotions, réfléchir et choisir les comportements les mieux adaptés**.*

QUE FAUT-TL FATRE POUR SE PELAXER ?

Tout le monde peut apprendre à se relaxer, l'entraînement sera plus ou moins long et difficile selon le niveau de stress de départ et le type de personnalité de chacun.

Certaines méthodes conviennent mieux que d'autres et il faut apprendre à choisir la technique la mieux adaptée à sa personnalité.

De toute façon et quel que soit la méthode utilisée, quatre conditions sont nécessaires et suffisantes pour obtenir une bonne relaxation :

- *Un **environnement calme** : peu de bruit, peu de lumière et pas de perturbation,*
- *Un **repos musculaire** : le mieux étant d'être allongé confortablement, mais il existe certaines positions plus pratiques dans certaines situations (le cocher de fiacre par exemple)*
- *Une **attitude passive** : il faut se laisser aller à ressentir des sensations de détente, même si la méthode est active. On ne peut pas se forcer à se relaxer et si le sujet sent qu'il s'énerve, le mieux est d'arrêter pour reprendre plusieurs minutes après.*
- *Une **attitude mentale de repos** : penser à une image de calme, entendre un son ou une phrase dans sa tête, ressentir une sensation...*

Il existe deux grands types de relaxation :

- *Les méthodes **passives** où le sujet apprend à se laisser aller et doit ressentir un certain nombre de* *sensations. Ce sont essentiellement des techniques dérivées (pour les méthodes européennes) du Training Autogène de Schultz.*

- *Les méthodes **actives** où le sujet est actif et volontaire dans la démarche. Ce sont essentiellement des techniques musculaires dérivées de la Relaxation Progressive musculaire de Jacobson.*

*Chacun doit **tester** et rechercher la méthode qui sera le plus efficace pour lui-même. Nous allons donc parcourir un certain nombre d'exercices qui vous permettront de localiser votre « style de relaxation ».*

QUE FAUT-TL FAIRE POUR UNE « CRTSE DE CALME » ?

*Le problème est différent car il faut réussir à **contrôler ses émotions en situation**, alors que la pression est déjà montée.*

*L'objectif n'est plus d'obtenir une relaxation profonde avec un relâchement musculaire et une activation forte du système nerveux parasympathique, mais de **bloquer** une accélération intempestive du système sympathique et d'éviter que les émotions ne prennent le pas sur le contrôle des comportements.*

*Pour **expérimenter** la réalité de cette « crise de calme », il vous faut prendre votre pouls et le suivre pendant la durée de l'exercice: vous vous rendrez compte que celui-ci va se ralentir pendant quelques secondes (trois à quatre pulsations environ). C'est la **preuve** que vous pouvez* *contrôler votre rythme cardiaque en vous focalisant sur votre respiration.*

La technique consiste à respirer en 4 temps :

1. ***Souffler** lentement et calmement, en laissant doucement l'air sortir de vos Poumons (compter mentalement 8 secondes),*

2. ***Inspirer** lentement et calmement en laissant simplement l'air entrer dans vos Poumons à partir de votre ventre qui se gonfle (compter de nouveau 8 secondes),*

3. ***Bloquer** avec le ventre gonflé (compter 6 secondes),*

4. ***Recommencer** deux cycles de suite.*

*Vous devez vous entraîner par séquences de trois cycles en variant les circonstances: debout, assis, allongé, dans la rue, dans l'ascenseur, au restaurant, au cours d'une discussion... C'est la **pratique régulière** qui va vous donner la maîtrise de cette technique qu'il faut posséder parfaitement avant de l'utiliser en situation de stress.*

*Pour **renforcer** et maîtriser encore plus efficacement cette technique, vous pouvez associer un geste (ou un mouvement) à cette sensation de détente et de relâchement que vous avez obtenu grâce à la respiration. Avec un peu de pratique, vous constaterez qu'il suffit ensuite d'associer ce geste à la technique respiratoire pour obtenir un résultat encore plus efficace et profond.*

COMMENT ENTRETENIR LE RESULTAT ?

*La recette du succès réside dans un mot : l'**entraînement** régulier.*

*Pour **abaisser le seuil global de tension**, il faut pratiquer **15 mn de relaxation tous les jours** pendant au moins 5 mois.*

Le moment idéal, dans un contexte de travail, se trouve le soir au coucher (environnement calme, repos musculaire et attitude passive sont déjà présents).

<u>C'est la pratique régulière qui permet d'obtenir un résultat efficace et durable.</u>

*Pour réussir à **faire une crise de calme** en situation difficile, il faut s'entraîner au moins une trentaine de fois, par séquence de trois à quatre cycles respiratoires.*

Il est nécessaire de pratiquer cet entraînement dans des circonstances diverses: maison, voiture, travail, debout, assis...

La réussite renforcera la confiance en soi et augmentera l'efficacité des crises de calme suivantes.

<u>C'est la pratique régulière qui permet d'obtenir un résultat efficace et durable.</u>

ANNEXES

Relaxation active et musculaire *:*

En procédant par groupes de muscles, il existe 5 temps:

1. *Prendre conscience de la tension musculaire en **contractant** les muscles,*
2. ***Relâcher** les muscles et ressentir nettement la sensation de relâchement musculaire,*
3. *Percevoir la **différence** entre tension et relâchement,*
4. ***Refaire** cet exercice une au deux fois pour bien percevoir les sensations,*
5. *Faire apparaître les sensations de **détente musculaire** sans contracter les muscles et seulement en expirant.*

Nous prendrons comme premier exemple le travail sur les mains :

- ***Contracter** les muscles des mains en écartant tous les doigts au maximum et en inspirant,*
- ***Bloquer** la respiration en se concentrant sur la tension musculaire dans les doigts et les mains,*
- *Expirer doucement en **relâchant** les muscles des deux mains,*
- ***Recommencer** deux fois l'exercice,*
- *Faire apparaître ensuite la sensation de relâchement musculaire **sans contracter** au préalable les muscles, mais seulement en expirant doucement.*

> *Pour les **avant-bras** : serrer les poings et ramener les nains vers les coudes.*

> *Pour les **bras** : plier les bras en ramenant les nains vers les épaules.*

> *Pour les **épaules** : monter ces dernières le plus haut possible vers votre cou.*

> *Pour l'**abdomen** : contracter en expirant tout l'air de vos poumons et relâcher en inspirant doucement.*

> *Pour les **fesses** : contracter en inspirant et relâcher en expirant.*

> *Pour les **cuisses** : contracter en montant les jambes et en les gardant droites.*

> *Pour les **mollets** : contracter en rapprochant les talons de vos fesses.*

> *Pour les **pieds** : contracter les orteils.*

> *Pour le **visage** : faire une grimace pour contracter le front, les sourcils, le nez, la bouche et serrer les dents.*

Relaxation passive:

Il existe 5 temps différents:

1. *Se focaliser sur une image de calme et de détente, ou un souvenir de bonheur et de bien-être:*
   a. *Ressentir les sensations de bonheur et de confort associés (lumière, chaleur, vent, odeurs...)*

b. *Rester focalisé(e) sur cette image ou ce souvenir même si d'autres pensées parasites apparaissent*

2. *Ralentir la respiration:*

    a. *Sensation d'air frais qui rentre et d'air chaud qui sort*

    b. *Le ventre se gonfle en inspirant et se dégonfle en sortant*

    c. *Le rythme se fait plus lent et régulier*

3. *Faire apparaître une sensation de pesanteur et de lourdeur:*

    a. *D'abord dans la main droite, puis le poignet, l'avant-bras, le coude, le bras et l'épaule droite*

    b. *Puis dans le sens inverse pour le bras gauche*

    c. *Puis le long de la colonne vertébrale en descendant vers les fesses*

    d. *Puis le long des deux jambes, depuis les hanches jusqu'au bout des pieds*

    e. *Puis dans la nuque et l'ensemble de la tête*

4. *Faire apparaître une sensation de chaleur:*

    a. *D'abord dans la main droite, puis le poignet, l'avant-bras, le coude, le bras et l'épaule droite*

    b. *Puis dans le sens inverse pour le bras gauche*

    c. Puis le long de la colonne vertébrale en descendant vers les fesses

    d. Puis le long des deux jambes, depuis les hanches jusqu'au bout des pieds

    e. Puis dans la nuque et l'ensemble de la tête

5. *Ralentir le rythme cardiaque:*

    a. Percevoir les battements de son coeur

    b. Ralentir ceux-ci

En résumé, la relaxation permet au patient de redécouvrir son corps en apprenant à l'écouter, à l'apprécier. Elle amène progressivement au calme, à la détente, à l'imagerie positive. Le participant génère alors des réponses plus raisonnables face aux agressions de la vie quotidienne, face au stress et apprend ainsi à s'adapter le mieux possible au monde extérieur.

La sophrologie

De plus en plus de personnes en occident se tournent vers les médecines traditionnelles, en quête de bien-être, d'harmonie intérieure pour faire face à un mode de vie devenu stressant, agressif.

La médecine occidentale actuelle est technique, basée sur la méthode uniquement scientifique. Elle sépare le corps et l'esprit à l'inverse de la médecine chinoise traditionnelle qui est fondée essentiellement sur la prévention et sur l'articulation entre le préventif et le thérapeutique. Elle voit le corps, le cœur, l'esprit comme un tout. Son premier objectif est d'entretenir la santé et de prévenir les maladies.

En rapprochant les influences d'Occident et d'Orient, la sophrologie ne fait pas de séparation entre le corps et l'esprit. Elle regroupe un ensemble de techniques qui, par la respiration, la relaxation, les visualisations visent un état harmonieux de la conscience.

Qu'est-ce que la sophrologie ?

La sophrologie est fondée en 1960 par le neuropsychiatre Alfonso Caycedo. Le mot « sophrologie » vient de « Sophrosyne ». Ce mot grec est défini comme un état de calme, de concentration suprême de l'esprit produit par de belles paroles. Les moyens exploités sont la respiration, les détentes musculaires, la pratique d'exercices de postures et de visualisations. La sophrologie en tant que pédagogie de l'existence est destinée à transformer l'être. Cette transformation a pour but une existence plus libre, plus responsable, pleinement vécue.

Quels sont les grands domaines d'application de la sophrologie ?

La branche clinique

La sophrologie peut trouver des indications dans presque tous les domaines de la médecine et particulièrement en psychiatrie (gestion de l'anxiété, troubles psychosomatiques, troubles obsessionnels compulsifs, troubles du comportement alimentaire), algologie (gestion de la douleur, soins palliatifs), gynécologie (préparation à l'accouchement, infertilité), gérontologie (troubles cognitifs, troubles du sommeil, syndrome anxiodépressif), spécialités médicales (troubles psychosomatiques), cancérologie (acceptation des traitements), certaines pathologies (asthme, hypertension artérielle), médecine générale.

Les techniques sophrologiques utilisées sont la respiration consciente, la relaxation et la sophronisation vont permettre au patient de se percevoir de façon plus positive, plus constructive et de mobiliser ses propres ressources.

La branche socio-prophylactique

Elle a pour un but de prévention. Elle peut se concevoir comme un art de mieux vivre, un développement personnel. Elle peut être utilisée dans des buts très variés comme l'aide au sevrage tabagique, la prévention et l'éducation vis-à-vis du vieillissement, l'amélioration de la créativité dans le domaine artistique.

La branche sophro-pédagogique

Cette branche comprend la préparation sportive, la préparation aux examens, etc. Elle vise l'amélioration des performances.

Qu'est-ce que les sophronisations ?

Au début et à la fin de chaque séance, il existe un temps de parole. C'est le dialogue pré-sophronique et post-sophronique. Le temps de dialogue pré-sophronique permet de fixer l'objectif de la séance. Le temps final post-sophronique correspond à la description du vécu de la séance. Il s'agit de faire prendre de l'importance aux aspects positifs de ce qui a été vécu. Le patient est assis ou debout pendant la séance. Pendant longtemps, la position utilisée était la position allongée, mais elle n'est plus utilisée parce qu'elle facilite l'endormissement ce qui est déconseillé en sophrologie.

Le shiatsu

Qu'est-ce que le shiatsu ?

Le shiatsu est une approche corporelle énergétique d'origine japonaise, issue de la médecine traditionnelle chinoise. Il consiste à exercer des pressions, plus particulièrement avec les pouces et les paumes de mains, sur des points ou des zones bien spécifiques du corps, le long de nombreux méridiens d'acupuncture dans lesquels circule l'énergie.

Il se pratique sur une personne habillée de vêtements souples, assise ou allongée sur un futon, en positions ventrale, dorsale ou latérale.

Le shiatsu est employé de manière préventive pour maintenir ou retrouver une harmonieuse répartition de l'énergie, pour détendre et pour optimiser les capacités naturelles de défense du corps. Il peut aussi avoir une fonction thérapeutique : revitaliser et soigner en rétablissant la circulation énergétique du corps. Ce shiatsu dit « thérapeutique » dynamise ainsi les fonctions vitales physiologiques du patient et améliore sa santé.

Qu'est-ce qui caractérise le shiatsu ?

Le shiatsu est avant tout une manière de toucher, un certain « savoir-faire », qui requiert des compétences tactiles pour envoyer des informations grâce aux pressions, et percevoir en retour les réponses du corps du patient. Cette approche du toucher génère de nombreux bienfaits, proches de ceux procurés par la relaxation. En appuyant sur ou en longeant certains muscles, certains tendons, certains os, le « toucher shiatsu » fournit des informations tactiles relatives à la sensibilisation nerveuse et à la perception de la position des mouvements du corps. Il procure ainsi un éveil sensoriel chez le patient ainsi que le développement de son registre sensoriel.

Grâce aux contacts des mains et à ses techniques complémentaires de « frottements » du corps (frictions, balayages, etc.), le « toucher shiatsu » dégage de la chaleur et induit au patient la sensation d'enveloppe et de limite corporelle. Le patient peut ainsi explorer son corps et en délimiter l'espace. Cette expérience tactile, soutenue par la présence du thérapeute (son regard, sa voix, etc.), peut permettre à la personne de ressentir ses propres limites corporelles et de les renforcer.

Ainsi, le « toucher shiatsu » aborde la notion de contenance, de l'intérieur du corps avec ce qui y circule : la chaleur et les rythmes internes, c'est-à-dire, la respiration, le rythme cardiaque, la circulation du sang, etc. Avec la sensation de chaleur, de bien-être corporel et psychique, le « toucher shiatsu » relâche les tensions musculaires, facilite la respiration et induit la détente. Cet état tonique particulier peut aider l'individu à prendre conscience de son corps et à l'écouter différemment. Si le « toucher shiatsu » se pratique à la surface de la peau entraînant diverses sensations, il agit en profondeur, à l'intérieur du corps, puis au niveau du psychisme, des émotions et des sentiments. C'est en cela qu'on peut dire que le shiatsu est un toucher thérapeutique.

Qu'est-ce qui permet de légitimer le shiatsu comme thérapie ?

De nombreuses notions thérapeutiques sont relevées lors d'une séance de shiatsu : l'approche globale du corps et du psychisme, la lecture corporelle (bilan d'observation, prise en compte des communications non verbales), l'aspect relationnel (l'écoute, le partage, le dialogue corporel), l'empathie, le tonus, l'expérience corporelle, le soin, etc.

Le shiatsu permet de travailler sur la composante émotionnelle du patient. Il agit sur la régulation tonico-émotionnelle grâce à l'état de détente qu'il procure. Il peut donner des sensations corporelles agréables, apaisantes et rassurantes, familiariser le patient au toucher et favoriser ainsi sa relation à soi et à autrui. L'objectif est surtout de travailler sur la prise de conscience du corps avec le patient pour qu'il se sente plus en sécurité interne et puisse aborder différemment le monde extérieur.

Le shiatsu consiste à toucher le corps de l'autre afin d'en harmoniser la circulation énergétique. Le rôle du professionnel est de faire ressentir des émotions et des sensations corporelles à son patient, d'essayer de s'attacher à la compréhension de son vécu corporel et d'en faciliter la mise en sens.

La méditation

La méditation ressemble à une pratique mystérieuse car elle évoque souvent la sagesse orientale. Evidemment cette image contraste avec celle du monde actuel, au sein duquel les gens vivent à un rythme endiablé. Dans un univers technologique et automatisé, la méditation s'est fait une place. Elle est devenue même accessible à tous. Effectivement, petit à petit, chacun d'entre nous, un jour ou l'autre, entreprend de se réapproprier son bien-être, sa santé, sa spiritualité. La méditation est donc un art accessible, très facile à pratiquer. Elle facilite l'accès aux émotions, au ressenti, à l'ensemble de ce qui survient dans la vie d'une personne. Elle donne également l'occasion d'effectuer une auto-analyse et peut ouvrir des perspectives nouvelles sur la vie.

Les notions de base

Contrairement à ce qu'on peut penser, les règles de la méditation sont d'une grande simplicité. Une attitude positive est essentielle afin de mettre de côté tous les apriori qui peuvent habiter l'esprit concernant cette méthode. De ce fait, une personne ne peut pas entreprendre un exercice de relaxation si elle est convaincue que cela ne sert à rien. Un esprit ouvert est donc indispensable pour expérimenter cette technique et faire taire les voix intérieures qui nient les bienfaits possibles sur le corps physique.

La méditation se pratique tous les jours afin d'obtenir les meilleurs résultats. Elle se passe au niveau de l'esprit tout d'abord qui doit être apaisé avant d'entreprendre l'exploration des niveaux de sa conscience. La constance et la persévérance sont deux maîtres mots au moment de l'apprentissage car la pratique de la méditation s'acquiert en répétant inlassablement les exercices. Il est impératif d'apprendre à laisser le temps passer et à ne pas laisser courir l'imagination et les pensées dans tous les sens.

Dans un premier temps, les exercices de respiration sont primordiaux. C'est grâce au rythme de la respiration que le stress diminue naturellement sans effort. Il faut choisir un moment spécifique dans la journée pour méditer, un temps privilégié, uniquement pour soi. La méditation est une rencontre avec soi-même. Elle permet d'explorer le potentiel de son esprit. L'esprit s'ouvre, par le biais de cette pratique, à de nouvelles perspectives, à de nouvelles pensées qui permettent de transformer son existence. La méditation est un art très personnel qu'on ne peut vraiment partager avec personne.

Ce qu'il faut retenir, c'est qu'il faut prendre du temps car ce temps d'arrêt est bénéfique pour soi, mais aussi pour son entourage proche. Le lieu de méditation doit être aéré pour favoriser les exercices de respiration et les vêtements doivent être confortables pour se sentir bien pendant la séance. Il faut également choisir une position qui permette une détente complète.

Le but ultime est de lâcher-prise, de se laisser être, de se départir des défenses emmagasinées dans sa personnalité, de briser les chaînes. Bref, c'est se donner l'occasion de faire de nouvelles connaissances, d'expérimenter de nouvelles choses, de devenir plus fort pour affronter les inconnues du quotidien. Ce moment de calme permet ainsi de transformer son angoisse en sentiment positif, de vaincre les obstacles de la vie.

Respiration et relaxation

Avant de méditer, il convient tout d'abord de bien respirer et de se détendre. La respiration permet de contrôler le rythme cardiaque, le flot de sang circulant dans les veines. La relaxation permet de placer le corps dans un état de repos. La respiration contrôlée et la relaxation aident l'esprit à se détendre et la conscience à se libérer de tous les problèmes du quotidien.

Il existe plusieurs techniques de contrôle de respiration :

- ✓ la **respiration rythmique** qui correspond à inspirer de l'air pendant quatre battements cardiaques, à garder l'air dans les poumons pendant deux battements cardiaques, expirer l'air pendant quatre battements cardiaques, garder les poumons vides pendant deux battements cardiaques et inspirer à nouveau de l'air pendant quatre battements cardiaques ;

✓ la **respiration profonde** qui correspond à inspirer l'air dans ses poumons en gonflant son abdomen, puis son thorax jusqu'à la gorge, expirer en dégonflant son thorax jusqu'à la gorge, puis son abdomen. Elle permet de changer le rythme cardiaque et de s'apaiser.

La relaxation est également essentielle pour arriver à méditer car la détente permet un lien fort avec la terre et l'énergie de la vie. Elle aide aussi à prendre conscience de son corps. Grâce à elle, la personne perçoit en quelque sorte son corps intérieur.

Qu'est-ce que la méditation contemplative ?

La méditation contemplative se penche sur tout ce qui existe, à partir de sa propre existence jusqu'à celle de Dieu, en passant par le rôle que l'Homme a à jouer dans l'Univers.

Il existe quatre méthodes principales de méditation contemplative :

✓ la **méditation en silence** : c'est en faisant le vide ou le silence que la personne apprend à se connaître et à reconnaître son potentiel de spiritualité. Cette forme de méditation permet d'atteindre l'extase mystique car c'est dans le silence de la contemplation que l'Homme est en mesure de ressentir la présence de Dieu ;

- ✓ la **méditation en mouvement** : c'est en fixant son attention sur l'exclusion de tout le reste que l'esprit se libère de toutes ses préoccupations quotidiennes. L'esprit s'ancre dans le présent en se concentrant sur l'ici et le maintenant ;

- ✓ la **méditation avec bougie** : c'est en regardant la flamme d'une bougie que l'esprit se détend, les pensées s'apaisent. La flamme devient alors le symbole de la vie.

- ✓ la **méditation avec mantra** : c'est en constituant un mantra que la personne fait le vide et communie avec l'univers. En récitant, en silence ou à voix haute, le mantra comme une litanie, il emplit la conscience de l'individu et empêche les autres pensées de perturber l'esprit.

En résumé, la méditation est un moyen thérapeutique rejoignant un certain mode de vie axé sur la santé physique et mentale. Il ne faut pas la voir comme une pratique ésotérique, mais tout simplement comme un voyage intérieur qui permet de mieux se connaître et de mieux se prendre en main.

Les thérapies créatives ou expressives

L'art-thérapie

Qu'est-ce que l'art-thérapie ?

L'art-thérapie est une pratique de soin par les médiations artistiques telles que les arts plastiques, la danse, la musique et le théâtre. L'art-thérapie traite les difficultés d'ordre psychologique et/ou physiologique en impliquant le patient dans un travail de mise en forme de son vécu. Cela entraîne le corps à travers l'action créatrice et les sensations qui s'y engagent, ainsi que les émotions et la pensée. Pendant le processus art-thérapeutique, le patient fait des liens entre sa production artistique, ses émotions et les pensées correspondantes ; il apprend à mettre des mots sur ces éléments. Ce processus permet au patient d'accéder à un savoir phénoménal qui l'enrichit. Il a la possibilité de chercher et de trouver en lui-même de nouveaux repères. Il peut, dans un espace ludique et sécurisant, explorer son rapport au corps et à son psychisme ainsi qu'à son environnement social et culturel. L'attention du thérapeute ne se porte pas sur la valeur esthétique du travail artistique mais sur le processus même et la possibilité de partager cette expérience.

Les arts plastiques

L'utilisation des arts plastiques comme la peinture, la terre, les images (collages), le dessin, etc., permet d'éveiller l'imaginaire, de donner une forme aux représentations et aux émotions, afin de mieux pouvoir les comprendre et ainsi favoriser un processus de transformation et d'évolution. Ces matériaux créatifs vont devenir des sortes de médiateurs entre la personne et son univers sensitif, émotionnel et imaginaire.

Dans cet espace art-thérapeutique, le patient découvre une nouvelle manière de se rencontrer par l'entremise de matières diverses, de couleurs et d'images. Cet environnement est un espace d'expériences où il explore avec tous ses sens différentes techniques créatives. Le corps tout entier est impliqué dans la création ; le corps réel, le corps imaginaire et le corps fantastique sont présents tout au long du processus de création. La personne inscrit des traces dans sa production ainsi que dans son corps.

Quel est le cadre d'une séance ?

Le cadre délimite un espace-temps qui est une aire de « jeu », libérant la créativité et permettant à l'art-thérapie d'exprimer toute sa spécificité, qui est celle d'un travail psychique où le non-verbal a autant d'importance que le langage parlé.

Les séances sont proposées en groupe ou en individuel. Les suivis en groupe portent sur des thèmes généraux : éveiller sa créativité, se reconnecter à ses ressources, sortir de l'isolement social, remobiliser son imaginaire, se reconnecter à son corps et ses sensations, etc. Les séances en individuel sont des processus qui impliquent différemment le patient qui définit, à l'aide du thérapeute, un objectif thérapeutique. Souvent, l'objectif n'est pas clair dés le départ, mais le patient montre souvent un besoin de s'exprimer autrement qu'avec des mots, de pouvoir revisiter des espaces de lui-même inexplorés, ou parfois fermés à cause d'événements douloureux ou traumatisants.

Comment se déroule une séance d'art-thérapie ?

Chaque séance se déroule sur trois temps : le temps de l'accueil, le temps de la création et le temps de la mise en mots.

Temps de l'accueil

Un temps d'échange verbal est nécessaire pour sentir ce qui est présent comme sensation, sentiment ou image. Ce moment permet d'avoir des informations sur le patient et sur son vécu actuel. Il permet également un recentrage avant la mise en mouvement pour créer une ouverture et lancer la création.

Temps de la création

Le débordement émotionnel rend difficile souvent la réflexion, l'élaboration et finalement la représentation de ce qui est en train de se vivre dans le présent. Par la création, les émotions qui s'éparpillent sont remobilisées et recentrées. L'énergie est canalisée et le vécu émotionnel concrétisé. Celui-ci devient moins menaçant, moins angoissant car il prend une forme palpable et matérielle.

Dans le processus créatif avec la matière, plusieurs pulsions sont éveillées. Il y a dans le processus artistique et plastique du mouvement : tout le corps va s'éveiller et permettre à des éléments figés de reprendre vie. L'objet créé va permettre à un contenu d'exister.

Temps de mise en mots

Dans ce temps de parole, une distance peut s'établir par rapport à la production. La forme regardée peut agir, après coup comme un révélateur. Le patient va pouvoir faire des liens avec sa réalité, actuelle ou passée. L'élaboration psychique faite par la personne ne sera pas livrée à elle-même puisqu'elle va être partagée et reconnue. En groupe, c'est aussi un moment qui invite la personne à faire confiance aux autres, à oser parler de soi, à découvrir, à partager et à prendre sa place.

La musicothérapie

Qu'est-ce que la musicothérapie ?

La musicothérapie utilise la musique comme un outil ou un moyen d'expression afin d'initier un changement ou un processus de développement amenant à un bien être personnel, à une meilleure adaptation sociale, au développement personnel, etc. C'est un mode de communication où les sons remplacent les mots, où l'émotion est sans cesse présente. La musique peut en effet agir là où les mots ont échoué. On parle alors d'une thérapie non-verbale. Les paroles ne sont pas interdites : elles ne sont tout simplement pas prioritaires.

En musicothérapie, les sons et les rythmes deviennent des instruments pour développer sa créativité, reprendre contact avec soi et soigner divers problèmes de santé. Compte tenu de son effet sur le système nerveux central, la musique aide à se relaxer et à réduire le stress. Elle permet également d'accroître son dynamisme ainsi que d'améliorer ses capacités cognitives comme l'attention, la mémoire, etc. ; psychomotrices comme l'agilité, la coordination, la mobilité, etc. et socio-affectives.

Que choisir : musicothérapie active ou réceptive ?

Musicothérapie active

La musicothérapie active favorise particulièrement l'expression de soi. Elle privilégie des techniques d'intervention comme le chant, l'improvisation instrumentale ou gestuelle, la composition de chansons et l'exécution de mouvements rythmiques au son de la musique.

En musicothérapie active, le patient joue de la musique. La production sonore s'élabore à travers les objets sonores. L'instrument, le corps et la voix invitent la personne à s'exprimer. Le thérapeute observe le langage du corps, la manière d'agir et de s'exprimer. Ce moyen de communication a pour but de mieux se comprendre et s'accepter. En apprenant à écouter l'autre et soi-même, une relation s'amorce entre les personnes. Plus besoin de paroles car le dialogue s'établit lors de l'échange au niveau du son, du regard, du mouvement, du sourire, de la gestuelle, du rythme et du silence. La musique permet ainsi une ouverture à l'expression.

Musicothérapie réceptive

En mode réceptif, l'écoute de la musique peut stimuler l'énergie créative et aider à accroître la concentration et la mémoire. La musique peut aussi faire surgir des émotions, parfois oubliées ou profondément enfouies.

La musicothérapie réceptive est la musique que le patient écoute en présence du thérapeute. Elle induit des sensations corporelles, éveille des émotions, des sentiments et des souvenirs. Cela implique de prendre conscience de la réalité, de ses difficultés tout en exerçant l'imaginaire. Le patient peut réagir alors à ce qu'il écoute par le biais de mots, de dessin, de mouvements ou d'expression corporelle.

Pourquoi la musique comme thérapie ?

La musique atteint les personnes au cœur d'elles-mêmes. De plus, elle est particulièrement efficace pour les aider à sortir de leur isolement surtout lorsqu'elles ont des difficultés à communiquer. En raison de son effet physiologique, la musique peut atténuer la douleur et l'anxiété en abaissant le taux de cortisol, hormone associée au stress, et en libérant des endorphines qui ont des propriétés à la fois calmantes, analgésiques, euphorisantes.

La musicothérapie contribue à l'amélioration du bien-être, au développement de l'autonomie et à la réhabilitation socioprofessionnelle des personnes ayant des difficultés dans leurs comportements et leurs fonctionnements relationnels. Elle met en relation les comportements, les émotions, l'humeur, les relations sociales et interpersonnelles. Elle propose les traitements thérapeutiques par des activités d'expression, d'écoute, de silence, d'improvisation libre musicale, sonore, corporelle ; adaptées à la recherche authentique de soi.

En résumé, la musicothérapie suscite l'éveil, l'intérêt à une pratique simple et accessible à tous par la découverte de la rythmique gestuelle, sonore, redonne cette part de liberté, cette joie de chanter, de crier de manière spontanée. Porté d'abord par son rythme, la musicothérapie a un pouvoir d'expression, d'échange qui est nécessaire d'apprivoiser afin de se décentrer et d'être à l'écoute pour entendre, traduire les intentions, les émotions de l'autre, et parfois de se les approprier. Le patient ose ainsi s'exprimer par des sons et des mouvements spontanés, de communiquer ce qu'il ne sait pas dire autrement. La musique libère les tensions, les émotions, canalise ou réoriente les pulsions agressives, apaise, et met en contact avec autrui. Cet atelier devient dés lors un espace où s'exprimer est un plaisir et donne confiance en soi.

La danse thérapie

Généralités sur la danse thérapie

Les objectifs de la danse thérapies sont multiples. Dans le domaine de la psychiatrie, ils consistent à adapter ou réadapter aux gestes professionnels et à la vie courante, à développer des facultés d'adaptation, à maintenir les capacités fonctionnelles et relationnelles, à revaloriser et restructurer les capacités de relation et de création, à maintenir ou reprendre l'identité personnelle et le rôle social, à exprimer les conflits internes.

Qu'est-ce que la danse thérapie ?

La danse est un paralangage qui exprime des émotions, des sentiments et des pensées. Elle implique également des expériences émotionnelles et référentielles affectant la vie du patient. Elle est un moyen pour apprendre et pour venir à bout de sentiments et de tensions indésirables. La danse thérapie fait le lien entre l'aspect physique et cognitif de la personnalité. Elle favorise l'expression en donnant l'occasion à la personne d'établir une connexion entre ses perceptions sensorielles, ses représentations et son environnement.

La danse thérapie propose de mieux se connaître, de connaître son corps en analysant ses mouvements, sa manière de se mouvoir et les émotions ressenties dans le mouvement, seul ou avec l'autre. En effet, la manière de se tenir, de se déplacer, sa posture révèlent des choses sur la personnalité et l'identité de chacun. La danse thérapie consiste à se mettre en mouvements, de manière improvisée, en se laissant aller et à analyser ensuite les émotions ressenties et les postures prises.

Les séances de danse thérapie sont donc toujours constituées d'un temps de mise en mouvement, d'un temps de parole, d'analyse du mouvement et des émotions. Sur le plan mental et émotif, elles renforcent l'affirmation de soi, ravivent les capacités intellectuelles et la créativité, permettent de rencontrer des émotions parfois difficiles à exprimer verbalement comme la colère, la frustration, le sentiment d'isolement, etc.

Le concept de la danse thérapie

De manière générale, la danse thérapie s'inscrit dans un processus de thérapie. Elle consiste à créer un cadre qui permet l'expression d'une personne tout en l'invitant à faire évoluer la forme créée en lien avec l'évolution de son psychisme. A l'intérieur de ce cadre, artistique et thérapeutique, le patient chemine et symbolise ses conflits, ses émotions et ses désirs. Les mouvements et le vécu de la danse permettent à l'individu d'avoir des prises de conscience sur elle-même et sur ce qu'elle vit. Le rôle du thérapeute consiste donc à inviter le malade à une production dansée, d'accompagner, de pousser l'expression du mouvement et d'aider à verbaliser le ressenti.

La danse appartient aux techniques psychocorporelles qui ont pour objectif de renforcer la dynamique du lien entre le corps et l'âme ou l'esprit. Cette technique permet une meilleure connaissance de soi, dans ses forces et ses faiblesses, et aide le patient à devenir actif dans le processus de soin, de récupération, de rééducation et de réadaptation. La danse appartient à la catégorie des techniques dynamiques. L'objectif est de renforcer les structures de la conscience par une meilleure attention, une meilleure connaissance de soi et des interrelations avec l'environnement.

Comment se déroule une séance de danse thérapie ?

Une séance de danse thérapie se déroule individuellement ou en groupe. A la première rencontre, le thérapeute cherche à définir les motifs et les objectifs de la démarche, puis il enchaîne avec la danse et le mouvement. Les mouvements peuvent être improvisés ou non. La musique n'est pas toujours présente ; en groupe, elle peut être un élément rassembleur, mais le silence favorise la recherche du rythme de soi.

Pour créer un climat de confiance et de complicité, favoriser la prise de conscience de son corps et de l'environnement, le thérapeute utilise parfois divers objets comme un ballon, etc. La danse thérapie permet de redécouvrir son anatomie et fait remonter une foule de sensation, de sentiments et de pensées. A la fin de la séance, le patient peut discuter des découvertes et des sensations ressenties pendant le travail corporel. Cet échange peut mener à des prises de conscience et orienter les prochaines étapes de la démarche thérapeutique.

La danse thérapie convient à tout le monde et est utile pour favoriser la santé, l'image et l'estime de soi, atténuer le stress, les peurs, l'anxiété, les tensions physiques et la douleur chronique. En groupe, elle favorise la réinsertion sociale, la prise de conscience de soi et de son espace, la création de liens affectifs. Elle procure également un sentiment de bien-être.

Quel est le but de la danse thérapie ?

Le thérapeute essaye de transformer le patient pour le faire agir. La personne devient alors sujet et non objet de ses soins, de son œuvre, de son acte. C'est la condition pour qu'elle passe de l'état de dépendance à l'état d'autonomie.

Lors de ce passage d'objet à sujet, le patient se transforme lui-même car la danse thérapie le met en contact avec des sensations corporelles, son histoire. Pour ce faire, un espace est nécessaire où le malade peut avoir confiance totale envers le thérapeute, où il peut se présenter tel qu'il est et avec ce qu'il a. La danse permet d'effectuer un travail sur le schéma corporel et sur l'image du corps, de se représenter le corps dans l'espace et par rapport à l'autre, de travailler le ressenti du corps.

La théâtrothérapie

Qu'est-ce que la théâtrothérapie ?

La théâtrothérapie est une activité créative de groupe à expression corporelle et verbale qui amène la personne soignée dans une communication avec l'extérieur et ses pensées intérieures, la révélant ainsi en tant que sujet acteur, c'est-à-dire en tant qu'individu prenant acte de ses sensations personnelles, de ses troubles, de son plaisir mais aussi percevant l'intérêt des autres et de l'émotion qui ressort de cet échange.

La portée de cet atelier peut être considérable car elle amène la personne en pleine lumière pour la faire exister au devant de la scène qui est, dans la symbolique, le lieu de la représentation de la vie où tout se joue. La théâtrothérapie est la mise en œuvre de tous les éléments du spectacle théâtral comme cadre thérapeutique : texte, mise en scène, décors et accessoires. Le jeu de rôle constitue un instrument d'apprentissage et de perfectionnement aux relations humaines, une initiation à la résolution de conflits fictifs et le jeu de divers rôles, généralement traditionnels, familiaux ou professionnels.

La théâtrothérapie fait appel à tous les aspects du théâtre, la dramatisation et le jeu de rôle en retiennent surtout l'improvisation. L'intervention se fait à partir de matériel improvisé. Par contre, le texte prend une importance particulière dans une vision thérapeutique de son utilisation.

Favoriser l'expression appropriée des sentiments

Le travail d'un sujet en théâtrothérapie permet à la personne de projeter sur celui-ci ses émotions en les attribuant au personnage imaginaire qu'elle incarne, de les explorer avec une certaine distanciation et une certaine objectivité, de les vivre dans l'interprétation.

Favoriser l'amélioration des fonctions du Moi

Le travail du sujet permet de se référer constamment afin que la personne soit capable de puiser dans son expérience passée et son vécu personnel, actuel pour en réaliser l'interprétation. De plus, une fois le sujet travaillé, la personne peut intégrer ce qu'elle a découvert sur elle-même et sur son mode de fonctionnement à son Etre et son Agir quotidiens. Les fonctions analytiques et les fonctions primaires, soit la capacité d'intégrer, d'unir, de coordonner, de généraliser ainsi que la perception, le langage et l'intuition sont constamment sollicités par le travail et ainsi peuvent s'améliorer.

Favoriser l'établissement du Concept de Soi et du sentiment de contrôle

De par la distance qu'offre le canevas du texte et le travail de concentration, d'analyse, de synthèse de discussion et d'échange, la personne s'aperçoit comme l'élément agissant, d'où l'émergence d'un sentiment d'Estime de Soi et de maîtrise.

Fournir un cadre pour l'apprentissage de nouvelles compétences

L'acte théâtral est représentatif de la vie, et, de ce fait, sollicite tous les aspects ou compétences humaines. Il ne s'agit pas de toutes les travailler simultanément, mais selon les besoins exprimés par le patient, comme une meilleure concentration, des habiletés cognitives, de mémoire, d'analyse etc.

Fournir l'occasion d'augmenter sa confiance face aux rôles tenus

Par le biais du masque que propose le texte, il s'avère plus sécurisant pour la personne d'expérimenter de nouvelles attitudes, de nouvelles approches, de nouvelles ampleurs dans l'émotion. Ainsi, une personne n'ayant jamais pu se percevoir comme un être capable de s'affirmer et s'étant toujours tenue éloignée de toute intensité peut à travers un personnage particulier, apprivoiser cet aspect de l'humain, l'explorer, le clarifier pour en arriver à une certaine intégration dans sa propre personne. La personne peut agrandir est clarifier la vision qu'elle a d'elle-même, et considère de façon plus ressentie ses interférences avec l'environnement humain et non humain.

Favoriser l'acceptation de soi

Tout au long de la thérapie de groupe, ce qui est considéré comme vrai et valable par le thérapeute est ce qui est exprimé ou agit par le patient. Cette attitude permet à celui-ci de s'accepter, tout d'abord dans le présent et à être moins hésitant à se regarder, à explorer et éventuellement effectuer des changements.

Pour conclure, la théâtrothérapie vise un changement, une adaptation, un progrès vers non seulement un Bien-être, mais aussi un Mieux-être. L'activité de la théâtrothérapie demande une implication globale du patient à un niveau que lui-même détermine, le consacrant ainsi acteur principal de ses soins.

En résumé, devenir conscient de ses perceptions sensorielles, de ses émotions et de ses représentations aide le patient à définir les frontières de son corps et à poser des limites, à se différencier de l'environnement, à agir seul et avec l'autre. Il est plus apte à communiquer avec autrui et avec l'espace environnant. Ces prises de conscience lui permettent d'améliorer son image et l'aide à développer une meilleure estime de lui-même. Il est plus motivé à prendre soin de son corps, de sa santé. Les arts-thérapies permettent à la personne de concevoir de nouvelles manières de penser les difficultés qui l'assaillent et de les éprouver. Les processus art-thérapeutiques vont lui permettre de retrouver son identité, son individualité.

L'art-thérapie propose des outils qui aident le patient à renouer avec lui-même, avec ses propres valeurs car elle éveille et relance le potentiel créatif de chacun. L'approche par l'art permet une rencontre avec soi-même en douceur, chacun se dévoilant jusqu'où il peut, jusqu'où il veut.

Les thérapies psychocorporelles

L'EMDR (Eye Movement Desensitization and Reprocessing)

L'EMDR (Eye Movement Desensitization and Reprocessing) ou méthode des Mouvements Oculaires de Désensibilisation et de Retraitement est un traitement actuellement utilisé dans une variété importante de désordres psychologiques, mais tout particulièrement dans le syndrome de stress post-traumatique ou PTSD (Post-Traumatic Stress Disorder).

Qu'est-ce qu'un traumatisme ?

L'EMDR (Eye Movement Desensitization and Reprocessing) est une approche récente de psychothérapie qui consiste à atténuer les symptômes d'un événement traumatique. Le traumatisme est issu d'un choc violent qui va ensuite déclencher des troubles physiologiques et psychiques. L'émotion ressentie au moment de l'événement traumatique est telle qu'elle peut entraîner un ensemble de troubles psychologiques pouvant s'étaler sur des années entières comme des cauchemars récurrents, le refuge dans l'addiction, la dépression, l'irritabilité, l'amnésie, etc.

L'origine du traumatisme, la personnalité et le vécu de l'individu ainsi que sa sensibilité vont faire vivre différemment la situation selon l'histoire de chaque personne. Il peut apparaître alors le TSPT (Trouble de Stress Post-Traumatique) pouvant faire suite à un traumatisme grave comme un deuil, un abandon, une agression physique ou sexuelle, un acte de violence, etc.

Les personnes souffrant de trouble de stress post-traumatique subissent des flashbacks à répétition, des cauchemars continuels rappelant la scène du traumatisme, puis elles se réfugient dans l'évitement afin de ne plus être confrontées aux détails ou aux situations qui rappellent la situation traumatisante. Un individu atteint de trouble de stress post-traumatique se replie sur lui-même et ne communique presque jamais avec ses proches. Il ne s'intéresse plus aux activités ou passions exercées avant le choc subi.

Lors d'un traumatisme, le cerveau assimile très mal l'expérience subie et des sentiments négatifs prennent forme. Les données deviennent stressantes et restent bloquées dans le système nerveux. Au bout d'un certain temps, les émotions négatives reliées à cet événement traumatisant s'effacent de la conscience mais les angoisses et les souvenirs continuent d'évoluer dans le système nerveux. Cela entraîne un déséquilibre affectif relativement important.

Quelle est l'origine de cette thérapie ?

En 1979, Francine Shapiro termine son doctorat de littérature anglaise à l'Université de New-York. C'est également durant cette période qu'elle apprend qu'elle est atteinte d'un cancer. Francine Shapiro commence son traitement et en parallèle de ses soins, elle étudie tout ce qui touche à la psychoneuroimmunologie mais également les liens que peuvent avoir le stress et les maladies ainsi que les découvertes sur les nouvelles thérapies dites « mind-body » c'est-à-dire esprit-corps. Elle décide de reprendre ses études en psychologie et se voit diplômée d'un doctorat.

C'est une sensation personnelle qui a ensuite amené Francine Shapiro à mettre en place l'EMDR. Lors d'une promenade où elle ressasse ses problèmes de santé, elle s'aperçoit qu'en balayant son regard de droite à gauche et de façon consciente, la charge négative qui embrume son esprit depuis plusieurs minutes, est en train de diminuer. La thérapeute essaye cette nouvelle technique sur elle-même, puis sur certains de ses proches et enfin sur ses patients.

Sa première recherche clinique sur le sujet commence fin 1987. Dés lors, Francine Shapiro devient la fondatrice de la thérapie EMDR. En juillet 2002, elle reçoit le prix Sigmund Freud décerné par le Congrès Mondial de Psychothérapie et la ville de Vienne.

Quel est le fonctionnement de cette thérapie ?

Cette thérapie se sert de la stimulation sensorielle des deux côtés du corps en utilisant plusieurs techniques :

- ✓ Les mouvements des yeux,
- ✓ Les stimulations auditives,
- ✓ Les stimulations cutanées ou les tappings

Cela induit une diminution rapide des symptômes dus aux événements traumatiques. Cette approche thérapeutique actionne le cerveau afin que celui-ci puisse absorber les troubles du passé et faire perdre les charges affectives négatives liées aux souvenirs traumatisants.

L'EMDR utilise la psychothérapie classique mais elle se particularise par l'usage de la stimulation double. Pendant que le patient explique les émotions stressantes qui perturbent amplement sa vie, le professionnel lui demande avant et après la séance, d'évaluer son degré d'angoisse et de souffrance. La personne relate les causes du traumatisme dans un premier temps ; ensuite, le praticien place ses doigts devant elle et lui demande de suivre le mouvement de ces derniers, sans bouger la tête. Ce mouvement visuel est comparable à celui que tout individu a pendant qu'il rêve.

Effectivement, la phase de sommeil permet de recoder les émotions et les souvenirs négatifs en éléments bienveillants qui permettent soit de solutionner un problème, soit de le minimiser. La thérapie EMDR se sert de ce type de stimulus et met en place deux éléments :

- ✓ réactiver la mémoire et ainsi faire ressortir les émotions négatives stockées dans le système nerveux,
- ✓ aider le cerveau à traiter différemment l'expérience traumatisante afin que celle-ci soit acceptée.

Au bout de plusieurs séances, le traumatisme est assimilé comme n'importe quel autre événement provenant de notre passé. Les mécanismes neurologiques sont stimulés afin d'accélérer le retraitement du traumatisme. Il se produit le déblocage de la mémoire et des émotions négatives qui sont stockées dans le système nerveux. Puis, un retraitement du choc émotionnel mal assimilé par le cerveau s'effectue afin de minimiser les angoisses.

En même temps que les yeux sont sollicités par un mouvement de va-et-vient rapide, les émotions se retrouvent alors libérées et apaisées. Les séries successives de ce mouvement oculaire dure jusqu'à ce que les angoisses liées aux émotions négatives soient neutralisées. L'événement traumatique, lui, est assimilé comme un souvenir appartenant à un lointain passé et les aspects négatifs qui en découlaient, deviennent positifs.

A qui s'adresse cette thérapie ?

La thérapie EMDR peut s'appliquer à différents patients :

- ✓ avec syndrome stress post-traumatique,
- ✓ aux adolescents, aux enfants ayant vécu un traumatisme grave,
- ✓ aux victimes d'agressions violentes (vols, attentat, prise d'otage, attouchements, viols, etc.)
- ✓ aux victimes de guerres,
- ✓ aux personnes toxico-dépendantes,
- ✓ aux accidentés de la route,
- ✓ aux victimes de catastrophes naturelles,
- ✓ aux personnes souffrant d'un élément stressant soit dans le travail, soit dans la vie affective ou familiale.

Pourquoi l'EMDR est efficace ?

Il n'existe pas de théorie précise pour expliquer les vertus de l'EMDR. Certains professionnels parlent de la sollicitation de nos nombreuses voies sensorielles, surtout par le mouvement oculaire, qui amène une diminution convaincante du traumatisme.

Lorsqu'un individu subit un choc émotionnel dû à une agression, un deuil ou un accident, le souvenir traumatisant reste bloqué dans le système nerveux. La cadence des yeux provoque alors le déblocage de l'information traumatique afin d'en amoindrir considérablement les effets négatifs.

C'est la mémoire qui gère le codage du souvenir et les troubles qui s'y attachent. Ainsi, l'EMDR sert à reformater ce codage en se mémorisant l'événement et en amenant une concentration optimale de l'activité cérébrale sur le moment présent. Grâce à cette fixation, le traumatisme est traité par dissociation des émotions ressenties et du souvenir en le libérant de sa charge émotionnelle.

Quelles sont les forces de cette thérapie ?

L'une des grandes forces de cette thérapie est le temps. Effectivement en quelques séances, les premiers bienfaits se font ressentir. Ces effets positifs, de plus, perdurent dans le temps. Ainsi, on peut soigner vite et bien des personnes souffrant de symptômes directement reliés au traumatisme vécu et leur éviter une douleur contraignante tout au long de leur vie, traitée par des thérapies longues souvent. Par contre, ce type de thérapie doit impérativement se faire avec un professionnel formé à cette pratique comme un psychiatre, un psychologue ou un psychothérapeute.

La cohérence cardiaque

Quel est le rôle du corps ?

Pour survivre, le corps s'adapte en permanence à l'environnement. Cette adaptation est gérée par le système nerveux. Le système nerveux physiologique, qui dépend de la volonté, gère le mouvement et le déplacement. Le système nerveux végétatif commande le maintien des fonctions vitales comme la respiration, le rythme cardiaque, la pression artérielle, le sommeil, la digestion etc.

Quel est le rôle du cœur ?

Le cœur répond en direct aux informations qu'il reçoit du système nerveux. Lorsqu'une personne inspire, le rythme cardiaque augmente ; lorsqu'elle expire, il diminue. De même, les situations, pensées ou émotions, font varier son rythme. Le cœur est donc un indicateur clé de l'état physique et émotionnel d'un individu. La variabilité cardiaque est aussi le reflet de la capacité d'adaptation à l'environnement et de l'énergie vitale.

Qu'est-ce que la cohérence cardiaque ?

La cohérence cardiaque correspond à une fréquence respiratoire de 6 cycles par minute, c'est-à-dire des inspirations sur 5 secondes et des expirations sur 5 secondes. En pratiquant cette respiration lente, profonde et régulière, les accélérations et les ralentissements des battements cardiaques deviennent réguliers, le cœur et la respiration entrent en écho.

Quels sont les effets de la cohérence cardiaque ?

La cohérence cardiaque procure plusieurs effets dans l'organisme :

- ✓ l'équilibre du fonctionnement des systèmes nerveux sympathiques et parasympathiques, c'est-à-dire des accélérateurs et freins du rythme cardiaque,

- ✓ la gestion du stress par la baisse de l'hormone du stress et l'augmentation de l'hormone de l'antistress,

- ✓ le renforcement du système immunitaire par l'amélioration de l'état psychologique,

- ✓ l'augmentation de la motivation, une plus grande confiance en soi, des effets positifs sur l'apprentissage et la mémorisation, la baisse de l'anxiété, une meilleure gestion de la douleur, etc.,
- ✓ la régulation de la digestion, du sommeil, du rythme cardiaque, etc.

La cohérence cardiaque joue donc le rôle de chargeur d'énergie et de régulateur émotionnel.

L'exercice de cohérence cardiaque

L'exercice se déroule de la façon suivante :

- ✓ inspirer pendant 5 secondes,
- ✓ expirer pendant 5 secondes.

Cette respiration lente et profonde se pratique pendant 5 minutes. L'inspiration se fait par le nez, l'expiration se fait par le nez ou la bouche. La cohérence cardiaque s'effectue 3 fois par jour : le matin avant de commencer la journée, le midi, le soir avant de s'endormir. Elle est fortement conseillée avant un événement stressant ou après une émotion forte. Avec l'entraînement, le corps intègre le rythme de la cohérence cardiaque et la personne devint capable de se mettre en cohérence cardiaque n'importe où, n'importe quand.

Méthodes comportementales expérimentées

Thérapie Cognitivo-Comportementale (TCC)

Définitions

Thérapie cognitivo-comportementale ou TCC :

Comme son nom l'indique, la thérapie cognitivo-comportementale ou TCC s'intéresse à la fois au processus de pensée de l'individu et à son comportement. Certaines situations, certains environnements sont à l'origine de troubles chez la personne. Un dialogue s'établit alors entre le patient et le thérapeute afin d'évaluer point par point les causes du trouble. La thérapie consiste à mettre en place un certain nombre d'étapes pour soigner le trouble en question par le biais d'une série d'exercices pratiques directement liés aux symptômes.

Cognition :

La cognition est l'ensemble des processus mentaux relatifs à la connaissance tels que la perception, la mémorisation, le raisonnement, la résolution de problèmes et les processus de la pensée au repos. La cognition est généralement distinguée de l'émotion, de la motivation et de l'action. D'autres concepts comme l'attitude et le sentiment englobent la cognition et l'émotion.

Cognitif :

Le terme cognitif renvoie à l'ensemble des processus psychiques liés à l'esprit. Ainsi le langage, la mémoire, le raisonnement, la coordination des mouvements, les reconnaissances, les fonctions exécutives regroupant le raisonnement, le jugement, la planification, l'organisation et les fonctions de perception sont des fonctions cognitives. Ce sont des fonctions orchestrées par le cerveau.

Qu'est-ce que la thérapie cognitivo-comportementale ?

De plus en plus, la thérapie cognitivo-comportementale (TCC) est reconnue comme la norme d'excellence, c'est-à-dire le meilleur type de thérapie pour régler les problèmes comme la dépression, l'angoisse, les phobies et le stress. Il a été démontré qu'elle est efficace pour tous les groupes d'âge et lors de séances individuelles ou de groupe.

La thérapie cognitivo-comportementale (TCC) met l'accent sur le moment présent et les problèmes qui surviennent au quotidien. Elle aide le patient à examiner la façon dont il interprète et évalue ce qui se passe autour de lui et les effets de cette perception sur son expérience émotionnelle.

La thérapie cognitivo-comportementale (TCC) ne met pas l'accent sur les expériences et les événements vécus pendant l'enfance, mais ceux-ci peuvent être examinés pour aider la personne à comprendre et à régler les troubles émotionnels qui se sont manifestés au début de sa vie ainsi qu'à comprendre les effets possibles de ces expériences sur la façon dont elle réagit aux événements.

Selon les principes de la thérapie cognitivo-comportementale (TCC), ce que l'individu ressent est lié à sa perception d'une situation et non simplement à la nature de cette situation.

Comment la thérapie cognitivo-comportementale (TCC) se déroule-t-elle ?

Lors d'une thérapie cognitivo-comportementale (TCC), le sujet apprend à reconnaître, à remettre en question et à modifier ses pensées, ses attitudes, ses croyances et ses suppositions liées à ses réactions émotionnelles et comportementales problématiques dans certaines situations.

En prenant conscience de ses pensées lors de situations qui causent un bouleversement émotionnel, la personne apprend que sa façon de penser peut aggraver des problèmes émotionnels comme la dépression et l'angoisse. La thérapie cognitivo-comportementale (TCC) montre comment atténuer ces problèmes en reconnaissant les distorsions de ses pensées, en prenant du recul par rapport à ses pensées afin de voir la situation sous un autre angle.

Pour que la thérapie cognitivo-comportementale (TCC) soit efficace, le patient doit être prêt à discuter de ses pensées, de ses croyances, de ses comportements et participer aux exercices pendant les séances. Pour obtenir de meilleurs résultats, la personne doit également faire des exercices prévus à la maison.

Quels troubles peuvent être traités par la thérapie cognitivo-comportementale (TCC) ?

La thérapie cognitivo-comportementale (TCC) est efficace pour traiter un grand nombre de troubles psychologiques tels que :

- ✓ les troubles de l'humeur comme la dépression et le trouble bipolaire,

- ✓ les troubles de l'angoisse, y compris certaines phobies (exemples : la peur des animaux, des hauteurs, des lieux clos, etc.),
- ✓ le trouble panique,
- ✓ la phobie sociale, c'est-à-dire le trouble d'anxiété sociale,
- ✓ le trouble d'anxiété généralisée,
- ✓ le trouble obsessionnel-compulsif ou Toc,
- ✓ le trouble de stress post-traumatique,
- ✓ la boulimie et la frénésie alimentaire,
- ✓ la dysmorphophobie, c'est-à-dire l'image du corps,
- ✓ les troubles liés à l'utilisation d'une substance (exemples : le tabac, l'alcool et d'autres drogues).

La thérapie cognitivo-comportementale (TCC) peut également venir en aide aux personnes faisant une psychose, ayant des difficultés relationnelles, étant insomniaques, souffrant de douleurs chroniques persistantes etc.

Qu'est-ce que les pensées automatiques ?

Ce qu'une personne ressent dans une situation donnée dépend non seulement de cette situation, mais aussi de la façon dont elle la perçoit ou du sens qu'elle lui donne. Les pensées automatiques en thérapie cognitivo-comportementale (TCC) sont les pensées qui viennent à l'esprit subitement et déterminent les émotions ressenties ainsi que les comportements qui en découlent. Les pensées automatiques soudaines influencent davantage la réaction émotionnelle et comportementale que la situation. En général, les pensées automatiques sont si brèves et si rapidement remplacées par la prise de conscience des émotions qui s'ensuivent qu'on ne peut pas les remarquer. La capacité de prendre note des pensées automatiques et de les évaluer pendant une situation troublante est une des astuces essentielles à développer et à mettre en pratique lors de la thérapie cognitivo-comportementale.

La façon dont on perçoit une situation ou un événement varie d'une personne à l'autre. Toutefois, la nature des pensées automatiques d'une personne déprimée ou angoissée devient prévisible et conforme à certaines caractéristiques. La thérapie cognitivo-comportementale (TCC) vise notamment à aider le sujet à prendre conscience de ses pensées automatiques. Elle montre comment prendre du recul et remettre en question, évaluer et rectifier les pensées automatiques négatives incorrectes. Toutefois, la thérapie cognitivo-comportementale (TCC) ne présente pas la pensée positive comme une solution aux problèmes de la vie. Cette thérapie vise plutôt à apprendre à évaluer les expériences et les problèmes de façons différentes pour pouvoir tirer des conclusions exactes et trouver des solutions originales aux difficultés.

Par ailleurs, les pensées automatiques négatives d'une personne ayant un trouble émotionnel sont généralement déformées ou erronées. Les altérations de la pensée amplifient l'importance émotionnelle des événements du quotidien. La thérapie cognitivo-comportementale (TCC) vise notamment à faire prendre davantage conscience de la perception distordue des expériences du quotidien. Tout le monde a des pensées automatiques négatives et des distorsions référentielles de temps à autre. Toutefois, certaines personnes sont plus susceptibles d'avoir des pensées automatiques liées à la dépression et à l'angoisse, donc d'avoir plus souvent des altérations cognitives.

En résumé, la thérapie cognitivo-comportementale diffère d'un grand nombre d'autres méthodes thérapeutiques, car elle met l'accent sur les moyens d'aider le patient à déterminer le lien qui existe entre ses pensées, ses sentiments et son comportement. Avec l'aide du thérapeute, il apprend à donner un sens moins extrême, plus pratique et plus exact aux événements négatifs, ses réactions émotionnelles et comportementales sont moins troublantes. Ainsi, la personne devient son propre thérapeute car elle est plus en mesure de composer avec les expériences difficiles et les bouleversements émotionnels.

La thérapie cognitivo-comportementale (TCC) et les changements cognitifs

Chaque individu a des pensées automatiques qui jaillissent dans son esprit. Elles peuvent être positives, neutres ou négatives. La thérapie cognitivo-comportementale (TCC) s'intéresse particulièrement aux pensées automatiques négatives liées à des états d'âme intenses. Au début, elle a pour but d'apprendre au patient à reconnaître les pensées automatiques négatives et les déformations référentielles qui surviennent lors de situations problématiques.

Pour reconnaître les pensées automatiques et les distorsions cognitives qui se manifestent lors de situation problématiques, la personne parle d'abord à son thérapeute en thérapie cognitivo-comportementale (TCC) des situations bouleversantes. Cette discussion aide à découvrir le lien qui existe entre ses pensées, son humeur et son comportement.

A mesure que l'individu apprend à reconnaître ses pensées automatiques négatives, il apprend également à les remettre en question et à les évaluer. Un des principaux objectifs de la thérapie cognitivo-comportementale (TCC) est d'aider le sujet à considérer ses pensées comme des idées qui ne correspondent pas nécessairement à la réalité. En d'autres termes, les pensées ne sont pas nécessairement des vérités. Pour aider le malade à atteindre cet objectif, le thérapeute fait faire des exercices de restructuration référentielle à son patient pour lui apprendre à prendre du recul, à remettre en question ses pensées automatiques négatives, à évaluer les preuves qui appuient ses pensées et celles qui les contredisent. Ainsi, il peut déterminer si ses pensées sont justes ou non.

Pour reconnaître et modifier les pensées automatiques négatives liées à des émotions fortes, le sujet apprend également à reconnaître les distorsions ou les erreurs de pensée qui se manifestent lorsqu'il se trouve dans une situation troublante. Les distorsions de la pensée sont susceptibles de se produire lorsqu'une personne est troublée, car les troubles émotionnels peuvent miner ses forces. Tout le monde a des altérations de la pensée de temps à autre. En voici quelques exemples :

- ✓ **Le tout ou rien / le noir ou blanc**, c'est percevoir les choses en noir ou en blanc, sans zone grisâtre possible,

- ✓ **Le rejet du positif**, c'est faire abstraction des expériences positives et ne voir que le côté négatif des choses,

- ✓ **La généralisation excessive**, c'est considérer une seule expérience comme un événement continuel,

- ✓ **Le filtre mental**, c'est accorder une grande importance à un détail négatif,

- ✓ **La dramatisation**, c'est envisager le pire,

- ✓ **La lecture de la pensée**, c'est conclure hâtivement qu'une personne a une perception négative d'autrui,

- ✓ **La personnalisation**, c'est croire que les choses vont mal et qu'on en est la cause.

En résumé, l'objectif initial de la thérapie cognitivo-comportementale est d'aider la personne à reconnaître et à modifier les pensées automatiques négatives qui causent un trouble émotionnel lors de situations problématiques. Reconnaître et rectifier les pensées automatiques négatives et les distorsions cognitives suscitent des humeurs intenses. Le registre des pensées est le principal outil utilisé pour apporter des changements référentiels.

Comment savoir si la thérapie cognitivo-comportementale (TCC) convient à une personne ?

La plupart des personnes savent dès les premières séances si elles sont à l'aise avec la thérapie cognitivo-comportementale (TCC) et si cette thérapie répond à leur besoin. En outre, le thérapeute de son côté s'assure toujours que la thérapie cognitivo-comportementale (TCC) convient à son patient. Au besoin, il apporte des modifications au traitement ou suggère d'autres traitements possibles en cas d'échec. En générale, la thérapie cognitivo-comportementale (TCC) convient si le malade souhaite acquérir des astuces pratiques pour composer avec son quotidien et les difficultés émotionnelles qu'il éprouve, est disposé et intéressé à mettre à l'essai des stratégies de changement entre les séances afin de renforcer les améliorations apportées.

A quoi s'attendre lors de sa première visite chez un thérapeute spécialisé en thérapie cotignitivo-comportementale (TCC) ?

Lors de la première visite, la personne discute avec le thérapeute de la nature et les causes de ses difficultés, des facteurs qui peuvent éventuellement les maintenir, de la façon de travailler face à ses problèmes, de la façon dont les tâches accomplies lors de la thérapie peuvent modifier divers aspects de ses problèmes, de ses attentes à l'égard du traitement, si la thérapie cognitivo-comportementale (TCC) lui convient ou non. A la fin de la première visite, le thérapeute et le patient élaborent ensemble un plan de traitement orienté obligatoirement vers des buts visant à régler les difficultés quotidiennes rencontrées.

Comment se déroule une séance de thérapie cognitivo-comportementale (TCC) ?

Les séances peuvent être dispensées de façon individuelle ou en groupe. Dans les deux cas, elles sont structurées de la façon suivante :

- ✓ **Vérification de l'humeur**, c'est-à-dire que le thérapeute demande au patient quelle a été son état d'esprit depuis la séance précédente. Cette vérification a pour but de déterminer si son humeur s'améliore d'une séance à l'autre ;

- ✓ **Lien**, c'est-à-dire que le thérapeute rappelle au sujet le but visé par la séance précédente afin d'établir un lien avec la séance en cours ;

- ✓ **Contenu**, c'est-à-dire que le thérapeute et la personne déterminent ensembles le thème du jour ;

- ✓ **Examen des exercices faits à la maison**, c'est-à-dire que le thérapeute examine les exercices donnés lors de la séance précédente afin de prendre note des progrès accomplis par l'individu et de régler toute difficulté survenue ;

- ✓ **Questions à l'ordre du jour**, c'est-à-dire que le thérapeute aborde les questions de l'ordre du jour en utilisant des stratégies référentielles et comportementales ;

- ✓ **Nouveaux exercices**, c'est-à-dire que le thérapeute donne au malade des exercices à faire et des tâches à accomplir au cours de la semaine suivante ;

- ✓ **Récapitulation et commentaires du client**, c'est-à-dire récapitulation de la séance.

Comment tirer le maximum de la thérapie cognitivo-comportementale (TCC) entre les séances de thérapie ?

La thérapie cognitivo-comportementale (TCC) est une méthode de traitement qui apprend à développer les astuces nécessaires pour devenir son propre thérapeute.

Le patient développe de nouvelles habiletés lors des séances de thérapie mais, en fin de compte, le majeure partie du changement se produit entre les séances lorsqu'il fait les exercices à la maison et met ainsi en pratique ses astuces dans son propre milieu. Plus la personne utilise les habiletés apprises dans le cadre de la thérapie cognitivo-comportementale (TCC) meilleurs sont les résultats du traitement.

Quels sont les obstacles courants lors de la thérapie cognitivo-comportementale (TCC) ?

Parmi les obstacles au traitement on trouve les préjugés associés au traitement des troubles de santé mentale, la difficulté de reconnaître les émotions, de les distinguer les unes des autres et de déterminer leur intensité, la difficulté d'étudier ses pensées, de supporter des émotions intenses, les difficultés émotionnelles multiples, le manque d'optimisme quant aux chances de succès, ne pas faire les exercices donnés par le thérapeute à la maison, ne pas assister aux séances régulièrement. Le thérapeute aide à réduire tous ces obstacles en suggérant des stratégies pour les surmonter.

Comment faire pour rester en bonne santé après avoir suivi une thérapie cognitivo-comportementale (TCC) ?

Un des principaux objectifs de la thérapie cognitivo-comportementale (TCC) est de faire en sorte que le patient devienne son propre thérapeute et continue d'utiliser les astuces développées lors de la thérapie. Une séance de suivi ou de rappel est toujours possible de temps à autre en cas de besoin. De plus, lors de la thérapie, la personne apprend également à reconnaître les éléments déclencheurs et les signes avant-coureurs de la rechute, ainsi qu'à élaborer un plan d'action l'empêchant d'être à nouveau submergée par les émotions négatives.

Changer ses comportements… Intérêt des thérapies cognitivo-comportementales

Cours dispensé par le Dr Christian JUENET, Psychiatre à la clinique Lyon Lumière de MEYZIEU :

CHANGER SES COMPORTEMENTS ...

Si vous êtes hospitalisé(e) au sein de la clinique, c'est probablement parce que vos comportements ne sont pas efficaces ou adaptés aux situations que vous vivez.

Ainsi par exemple :

- *Pour un patient **dépressif**, chaque difficulté rencontrée pourra déclencher un comportement de repli social, de pleurs et d'isolement, renforçant de ce fait la dépression.*

- *Pour un patient **anxieux**, chaque difficulté rencontrée pourra déclencher un comportement d'évitement ou de fuite, renforçant de ce fait son trouble.*

- *Pour un patient **stressé**, chaque difficulté rencontrée pourra déclencher un comportement de réaction anxieuse et agressive, renforçant de ce fait ses difficultés relationnelles avec les autres.*

- *Etc.*

*Vous avez conscience du caractère **inadapté** de ces comportements, mais vous ne savez pas comment les changer. Ce cours a pour objectif de vous aider et de vous* permettre de devenir autonome dans la maîtrise de vos comportements.

Il vous propose de vous familiariser avec un outil qui vous permettra de mieux comprendre ce qui se passe en vous pour vous permettre de changer certains comportements inadaptés.

Il se déroule en trois parties :

- ➢ **Observer et comprendre**
- ➢ **Changer**
- ➢ **Automatiser**

A. OBSERVER ET COMPRENDRE :

Commençons par définir ce qu'est un **comportement** et pour cela nous allons partir d'un exemple concret et réel qui nous servira de fil conducteur tout au long de ce cours.

Il s'agit d'un homme de 40 ans qui souffre d'une dépression depuis plusieurs mois et qui nous raconte les circonstances de son hospitalisation.

« Il y a 15 jours, dit-il, je rentre fatigué du travail les difficultés s'accumulent. Mon fils avec qui j'avais bien révisé son cours de maths, m'annonce qu'il a eu 4/20. Je m'emporte contre lui et le puni. Ma femme arrive alors et s'emporte à son tour contre moi en me disant que cela fait longtemps que je suis irritable et qu'il faut que cela cesse ».

Par la suite, son médecin l'a hospitalisé pour dépression. Il nous demande comment redevenir le père patient qu'il était auparavant et comment sortir de cette dépression.

*Dans cet exemple, nous avons 2 éléments: la **situation** (retour du travail, mauvaise note) et le **comportement** (agressivité).*

Bien sûr, nous sommes bien obligés d'admettre que cette même situation provoquera en nous des comportements différents suivant notre état d'esprit, la qualité de nos relations sociales, professionnelles... Certains jours nous prendrons plus philosophiquement cette mauvaise note, nous chercherons plus à comprendre, d'autres jours au contraire nous ne voudrons même pas en parler et nous nous isolerons.

*Ce ne sont donc pas les situations qui provoquent le comportement, mais deux autres paramètres : les **émotions** que nous ressentons et les **interprétations** ou **pensées** que nous avons sur la situation à ce moment précis. Chaque événement de vie que nous vivons est traduit par notre cerveau sous forme émotionnelle et cognitive (les cognitions sont les pensées, les images ou les croyances que nous avons sur nous et sur notre univers à un moment donné de notre vie). Emotions et pensées sont le fruit de notre apprentissage de la vie. Nous sommes conditionnés à ressentir et penser ceci plutôt que cela.*

Pour revenir à notre exemple, lorsque son fils lui annonce son 4/20, il ressent de la colère et de l'anxiété.

- *En ressentant de la colère (émotion), il se dit (pensée) : « après tout le mal que je me suis donné, il n'a même pas une bonne note, il se moque de moi, il ne m'écoute pas, il ne fait aucun effort... ».*

- *En lien avec l'anxiété, il se dit: «mon fils ne va pas réussir ses études, il n'aura pas de travail, il ne pourra pas réussir... ».*

Avec ce type d'enchaînement (situation - émotions - pensées), il lui est difficile de réagir autrement que par un comportement agressif.

L'idée centrale des thérapies comportementales et cognitives est que pour pouvoir nous changer, il nous faut d'abord **mieux nous comprendre** *: savoir précisément ce que nous ressentons et ce que nous pensons. C'est ensuite, en modifiant nos pensées et en faisant évoluer nos émotions que nous parviendrons à apprendre un comportement différent.*

Ainsi, pour revenir à notre exemple, si ce père s'était dit : « que s'est-il passé ?, quelle est la moyenne de la classe ?, je sais qu'il a bien travaillé, il a peut-être mal compris le problème ?, je le sais émotif, il a peut-être eu trop envie de bien faire pour me faire plaisir et cela l'a sûrement rendu trop anxieux... » Il aurait alors vraisemblablement commencé par rassurer son fils.

Le meilleur moyen de faire ce travail est de s'arrêter chaque fois que nos comportements entraînent des conséquences négatives pour essayer de trouver et de **comprendre** *quelles sont les émotions que nous ressentons et les pensées que nous avons.*

Pour y parvenir, nous vous proposons de mettre cela par écrit, sous forme d'un tableau à plusieurs colonnes (voir le tableau en fin de document).

Mais tout d'abord, une mise au point s'impose : nous ne sommes pas que de simples comportements ambulants.

Nos comportements s'inscrivent dans notre personnalité. Cette dernière, fixée dès la première année de vie sera plus ou moins aggravée par l'histoire personnelle et familiale que nous vivons. Par exemple, si nous élaborons au cours de la première année de vie une personnalité anxieuse, elle pourra être aggravée par la précarité familiale (chômage des parents, décès familiaux), par notre propre histoire (une maîtresse d'école un peu plus revêche, des brimades à l'école).

A l'inverse, nous pouvons atténuer les troubles de personnalité dans un climat chaleureux et réconfortant. Il faut rajouter à cela notre caractère qui contribue à aggraver ou atténuer la personnalité.

L'environnement socioculturel intervient également dans l'élaboration de notre structure. Et en particulier, le milieu social dans lequel nous avons vécu ainsi que l'environnement religieux qui compte toujours beaucoup pour certaines émotions.

Bref, nos émotions et nos interprétations viennent parfois de si loin qu'il nous est difficile de les modifier, mais nous pouvons au moins faire l'effort de les comprendre pour mieux les cerner et tenter de les maîtriser.

Reprenons l'exemple de ce père de famille à qui son fils annonce qu'il a 4/20 en maths. Si nous le questionnons sur les émotions qu'il ressent au moment de la situation problème :

« Que ressentez-vous ? », nous aurons invariablement le même type de réponse : « Il me fout en pétard, je suis en fureur, ça me met en colère... ». En réalité, ce qu'exprime cet homme c'est la somme de tout ce qu'il ressent et qu'il ne supporte pas de garder plus longtemps.

Cette émotion est en partie vraie (il est en colère) mais pas assez affinée, pas assez travaillée. Elle reflète incomplètement ce qu'il éprouve. Elle est disproportionnée, inadaptée et globale.

En fait, ces émotions engendrent toute une série de pensée automatiques (on parle de monologue intérieur) qui vient créer des cercles vicieux avec les émotions (chacun renforçant l'autre) et provoque l'emballement du comportement : ce père devient agressif vis-à-vis de son fils, de sa femme et de lui-même.

A titre d'exercice, nous vous proposons de travailler sur quelques exemples simples (imaginer que vous êtes dans cette situation) :

- *Une personne à qui je dis bonjour, ne me répond pas.*
- *Ce matin, je me lève et il pleut.*
- *J'avais promis de ramener du pain ce soir et je m'aperçois que la boulangerie est fermée.*

Pour chaque situation, préciser :

- *Les émotions que vous ressentiriez.*
- *Les pensées qui vous viendraient automatiquement à l'esprit.*

- *Le comportement que vous auriez.*

Réfléchissez maintenant à ce que vous avez écrit et commentez.

SITUATION
- ➢ *Décrire la situation.*

EMOTIONS

Qu'est-ce que je ressens ?
- ➢ *Décrire les émotions ressenties,*
- ➢ *Evaluer l'intensité de 0 à 10,*
- ➢ *Classer les émotions,*
- ➢ *Faire une synthèse,*
- ➢ *Préciser la conduite à tenir pour la gestion des émotions.*

PENSEES AUTOMATIQUES

Qu'est-ce que je me dis ?
- ➢ *Rechercher les enchaînements des pensées,*
- ➢ *Repérer les PAN (pensées automatiques négatives),*
- ➢ *Evaluer la croyance de 0 à 10.*

PENSEES REALISTES

Qu'est-ce que je pourrais me dire de plus adapté ?

> ➤ *Confronter et relativiser,*
>
> ➤ *Evaluer la croyance de 0 à 10.*

EMOTIONS

Qu'est-ce que je ressens maintenant ?

> ➤ *Evaluer la croyance de 0 à 10.*

COMPORTEMENTS

Qu'est-ce que je pourrais faire d'autre ?

<u>B. CHANGER :</u>

Nous avons lu précédemment que les émotions sont avec les pensées, responsables du comportement. Vous avez déjà appris à repérer les unes et les autres en les notant dans les trois premières colonnes de notre grille.

Probablement, vous vous posez la question de l'intérêt de ce travail d'écriture. Prenez le temps de lire et de relire ces documents, de participer aux exercices de mise en oeuvre proposée et tentez de faire des liens avec votre propre cas personnel pour mieux comprendre.

Enfin, n'oubliez pas que de nombreuses personnes peuvent vous aider au sein de la clinique : psychiatres, psychologues, infirmières...

Maintenant que nous avons appris à repérer nos émotions et nos pensées automatiques dans certaines situations précises, nous allons affiner notre prise de notes et bien définir ce que nous voulons écrire dans chacune des trois premières colonnes.

SITUATION *: Nous devons simplement décrire le plus précisément possible la situation qui nous pose problème : « Je suis dans ma chambre et le téléphone sonne. C'est l'appel de ma mère que je redoute depuis hier... »*

EMOTIONS: *Nous devons décrire ce que nous ressentons durant la situation étudiée; Quelles sont nos émotions, nos ressentis... ?*

Pour cela, il nous faut respecter 3 règles :

1. **Etre le plus précis possible:** *la première émotion ressentie n'est vraisemblablement pas la seule. Dans notre exemple, le père ressent de la colère, puis de l'anxiété et enfin de la culpabilité. Il est très important de noter ces trois émotions différentes et successives.*

2. **Evaluer l'intensité de chacune des émotions décrites** *: mettre une note à l'intensité ressentie sur une échelle allant de 0 (pas d'émotion) à 10 (émotion la plus forte que j'ai jamais ressenti). Ce travail vous permet de :*

- *prendre un peu de recul par rapport à vos émotions (évaluer l'intensité de sa colère participe à sa réduction) ;*
- *ranger vos émotions : la plus forte ne sera pas forcément la première par ordre d'apparition.*

3. **Classer vos émotions** *: il faut comprendre quel est l'impact de vos émotions sur votre organisme. Pour cela, il nous faut d'abord revenir à une définition simple et pragmatique d'une émotion. On peut considérer que cette* *dernière est en fait la somme entre une réaction physiologique (la réaction de l'organisme) et une étiquette (analyse faite par le cerveau) :*

- *réaction physiologique: soit de stimulation, soit de frein. Ainsi par exemple, votre coeur ne peut qu'accélérer ou ralentir. Pour des explications plus détaillées sur cet aspect, reporter vous aux documents : Entraînement à la relaxation.*

- *étiquette : elle peut être positive ou négative. Votre cerveau va analyser une émotion et la considérer comme agréable ou désagréable (noter au passage que les étiquettes sont très différentes suivant les personnes).*

Avec cette définition des émotions, nous pouvons considérer qu'il existe 4 types d'émotions différentes :

	Réaction physiologique de stimulation	*Réaction physiologique de frein*
Etiquette positive	*Plaisir, joie*	*Calme, relaxation*
Etiquette négative	*Colère, peur, anxiété*	*Mélancolie, tristesse*

Vous allez ainsi pouvoir classer vos émotions et comprendre dans quelle case vous vous positionnez prioritairement.

PENSEES AUTOMATIQUES: *nous devons écrire les différentes pensées qui vous viennent à l'esprit dans la situation : « qu'est-ce que je me dis ? ». Pour chaque émotion repérée, noter le plus en détail possible les pensées qui sont associées, en essayant de repérer au moins trois pensées successives pour chaque émotion.*

Ce sont les enchaînements de pensées qui nous conduisent aux pensées automatiques négatives (PAN), sources de la grande majorité de nos difficultés.

Pour évaluer l'intensité de vos pensées, vous pouvez estimer l'intensité de la croyance que vous accordez à chaque pensée (de 0 : je n'y crois pas du tout, à 10 : j'en suis intimement convaincu(e)).

FAIRE UNE PAUSE : *Il est temps maintenant de faire autre chose pour vous changer les idées et pouvoir analyser plus sereinement ce que vous avez déjà écrit. Accorder vous une pause de quelques minutes à plusieurs heures selon l'intensité de vos émotions.*

ANALYSER LES EMOTIONS ET COMMENCER.A LES CHANGER : *quel est le type d'émotions dominant pour vous dans cette situation ? En fonction de cela, vous pouvez déjà définir une ligne thérapeutique directrice : entraîner votre organisme à développer des réactions antagonistes, c'est à dire s'opposant à ce qu'il à l'habitude de faire durant les situations problèmes.*

Ainsi, si vous êtes majoritairement entraîné(e) à développer des émotions de stimulations négatives (colère, anxiété...)

Il vous faut apprendre à faire des exercices allant dans le sens inverse : que puis-je faire qui me détende et que je trouve agréable? (crise de calme, relaxation, lecture, musique douce, balnéothérapie...) Au contraire, si les émotions vont majoritairement dans le sens d'un frein négatif (tristesse, mélancolie...) Il vous faudra développer des sensations de stimulations positives (gymnastique, balade, douche, sorties, activités volontaires...)

Bien évidemment, ce type d'actions mettra du temps avant de pouvoir vous aider, mais vous développerez ainsi la capacité de votre organisme à réagir différemment aux situations problèmes : un peu moins stressé(e), un peu plus motivé(e)...C'est la multiplication de ces exercices qui réduira l'intensité des émotions déclenchées par les situations.

Pour développer des capacités dans ce domaine, il vous faudra élaborer un plan d'action de gestion des émotions: apprentissage de la relaxation ou des techniques de respiration contrôlée, parcours programmé des cours en salle de sport...

Une autre manière de pouvoir contrôler vos émotions à les exprimer. Ne plus garder pour soi ce que nous ressentons (surtout quand cela est négatif) est une bonne manière de commencer à changer. Pour développer des capacités dans ce domaine, documentez-vous sur les techniques d'affirmation de soi.

ANALYSER LES PENSEES ET COMMENCER A LES CHANGER: *il s'agit de la partie centrale des thérapies cognitives: apprendre à changer ses pensées. Revenons à notre exemple de ce père en prise avec la mauvaise note de son fils. Face à une émotion globale de colère, il se dit :*

« c'est une catastrophe...Il n'arrive à rien malgré mes efforts... Il ne fera jamais rien dans la vie...».Ces pensées sont en lien avec les émotions :

EMOTION	Pensée Automatique
Colère	*« après tout le mal que je me suis donné, il n'est même pas capable de faire un effort et d'avoir la moyenne »*
Anxiété	*«j'ai peur qu'il ne réussisse pas dans sa vie future, qu'il soit sans travail et que sa vie soit un échec »*
Culpabilité	*« je ne m'occupe pas assez de lui,.. je suis un mauvais père*

Le problème des pensées automatiques est non seulement qu'elles s'imposent à nous comme des certitudes, mais qu'en plus nous y accordons un pourcentage élevé de croyance. Sur l'instant, le père croit à 8/10 par exemple que son fils n'aura pas de travail et qu'il ne s'occupe pas assez de lui. Plus ce pourcentage de croyance augmente, plus nous croyons par définition nos pensées réalistes et plus nous aurons le même comportement.

Notons au passage que ce qui est vrai pour les pensées négatives, l'est aussi pour les positives. Par exemple, si l'enfant a la certitude qu'il va avoir une bonne note parce qu'il a bien révisé et qu'il n'y a pas de raison qu'il rate son exercice de maths, il aura un comportement plus combatif et probablement une bonne note.

La thérapie cognitive a pour but de restructurer nos pensées, non pas en fonction de ce que nous ressentons, mais en fonction de la réalité. Il s'agit, pour rester simple, de placer en face de chaque pensée automatique, une pensée plus réaliste. Ce travail est d'autant plus important en ce qui concerne les Pensées Automatiques Négatives (pensées négatives, globales et absolues) qui bloquent tout évolution possible (par exemple : je suis nul (le).... Je n'ai jamais de chance... j'ai toujours tout raté dans ma vie).

La technique consiste à analyser chaque pensée automatique et la confronter à la réalité en répondant par écrit à la question : est-ce logique ou réaliste de se dire cela ? Ce travail nous permet de mieux nous observer et de commencer à ébranler les croyances que nous avons dans nos pensées automatiques négatives. Pour chaque pensée automatique, il faut écrire une pensée alternative dans la colonne Pensée Réaliste. Remarquons au passage qu'il existe un certain nombre de pensées qui sont spontanément réalistes et adaptées à la situation (dans ce cas, il suffit de les recopier comme telles).

Après de nombreuses répétitions, nous verrons progressivement les pensées réalistes prendre une place plus grande, voire de plus en plus importante.). Les émotions deviennent alors plus stables et les cercles vicieux disparaissent.

Pensée automatique	Pensée réaliste
« j'ai peur qu'il ne réussisse pas dans sa vie future et qu'il soit sans travail... Il est	« ce n'est qu'une mauvaise note. Il en aura d'autres, bonnes ou moins bonnes,

foutu »	ne nous emballons pas »
« après tout le mal que je me suis donné, il n'est même pas capable d'avoir la moyenne »	« qu'est-ce qui me prouve que je l'ai bien aidé… c'est le sentiment que j'ai, mais peut-être que je suis un mauvais prof? »
« je ne m'occupe pas assez de lui' '.je suis nul et incapable »	« je m'occupe trop de lui sur le plan scolaire, pas assez en tant que père. Je devrais l'emmener au foot, faire des courses avec lui… »

L'intérêt de ce travail est qu'il ouvre des perspectives inattendues chez chacun de nous. Si nous observons les pensées automatiques et réalistes du tableau ci-dessus, nous nous rendons compte que cet homme a une vision beaucoup trop exigeante de lui-même. Il s'attribue la responsabilité de ce qui arrivera à son fils, comme s'il devait tout faire tout seul. Il ne compte ni sur l'enfant, ni sur ceux qui pourraient l'aider. Plus il se sent responsable des autres, plus il court le risque d'échecs répétés. Il lui faut donc apprendre progressivement à se changer, faire confiance, changer ses comportements et devenir un peu moins indispensable aux autres. Globalement, il va devoir apprendre à demander de l'aide (ce qu'il a fait en demandant à être hospitalisé), à faire différemment pour les autres et notamment développer une obligation de moyens plutôt que de résultats.

Après avoir rempli cette quatrième colonne (pensées réalistes), vous devez revenir aux émotions pour procéder à une nouvelle évaluation de vos émotions (de 0 à 10). Si ces dernières sont d'une intensité moindre, c'est la preuve que vous avez réussi à ébranler vos pensées automatiques négatives et que vous y croyez déjà moins fort.

La dernière colonne consiste alors à rechercher d'autres comportements possibles : dans cette situation, après avoir relu la colonne « pensées réalistes » et avoir réduit l'intensité des émotions ressenties, quels sont les autres comportements que je pourrai avoir ?.

Ainsi, pour revenir à notre père de famille, il pourrait décider d'avoir une discussion avec son fils sur les circonstances du devoir, demander la moyenne de la classe, élaborer une autre stratégies pour réviser...

A titre d'exercice, nous vous proposons de travailler sur quelques exemples simples (imaginer que vous êtes dans cette situation) :

- *Le rendez-vous que j'ai cet après-midi avec mon psychiatre est annulé car il est débordé.*
- *Je viens de raccrocher le téléphone. Mon père (mère, frère, mari, fils ou soeur...) m'a dit qu'il ne me trouvait pas en très grande forme.*
- *En rentrant en permission chez moi pour ce week-end, je trouve le salon en désordre et la vaisselle non faite.*

Pour chaque situation, préciser :

- *Les émotions que vous ressentiriez*

- *Les pensées qui vous viendraient automatiquement à l'esprit*
- *La critique de ces pensées : sont-elles réalistes ?*
- *Le comportement que vous auriez*

C. AUTOMATISER :

Il est indispensable de procéder de manière répétitive à l'analyse de nombreuses situations problèmes afin de :

- *Confirmer le type d'émotions habituellement déclenchées et réduire progressivement leur intensité.*
- *Identifier les Pensées Automatiques Négatives qui vont rapidement se révéler répétitives et peu nombreuses (deux ou trois au maximum et toujours les mêmes quelque que soit les situations étudiées).*
- *Rendre de plus en plus facile et automatique la confrontation des PAN et la localisation des pensées réalistes.*
- *Etre capable de réagir de mieux en mieux en situation et de commencer à contrôler ses émotions.*
- *Repérer de plus en plus facilement d'autres comportements et les tester.*

Vous aurez toujours tendance à avoir prioritairement vos pensées automatiques, mais vous pourrez en même temps, retrouver les pensées réalistes associées et donc ne plus vous laisser entraîner, mais choisir les comportements les plus adaptés.

Entraîner vous maintenant à partir de situations qui vous posent problème à remplir totalement ce tableau et à en discuter avec votre thérapeute.

Les « Phrases clés » de la guérison

Ce n'est pas la situation qui pose problème, c'est la représentation que l'on s'en fait.

Je ne peux changer que ce que je connais.

Toute émotion finit toujours par s'apaiser.

Ce n'est pas l'émotion qui pose problème, mais son intensité.

Plus de la même chose donnera toujours plus du même résultat.

Le présent est le passé du futur.

C'est l'excès qui est pathologique.

Je ne peux réussir que ce que j'ai tenté.

L'action précède l'envie.

Dr Christian JUENET

Thérapie analytique de groupe

Qu'est-ce que la thérapie de groupe ?

Les principes

Les troubles psychiques ont des répercussions sur les relations avec les autres. Lorsque au sein de son environnement il a été difficile de trouver sa place et de s'affirmer, il peut s'installer progressivement un isolement, lié à un sentiment d'exclusion. Cet isolement peut aggraver les troubles psychiques dont une personne est affectée. La situation de groupe est souvent une source de malaise. Les thérapies de groupe doivent aider à mieux vivre cette situation. C'est en se confrontant aux difficultés de la relation à l'autre que le patient peut comprendre ce qui en jeu dans cette relation.

La fonction auto-soignante

Chacun d'entre nous possède en lui une fonction auto-soignante. Il suffit souvent de se concentrer sur un sujet donné pour oublier un moment sa souffrance, pour être mobilisé, à l'écoute d'autrui. Cet oubli momentané de sa souffrance peut se reproduire et favoriser un travail de compréhension de cette souffrance. C'est sur cette base que fonctionne la plupart des groupes thérapeutiques.

Le principe de résonnance

Il existe dans la situation de groupe une stimulation de cette fonction auto-soignante. La présence des autres, leur parole, leur façon d'écouter et de réagir, leur façon d'être, provoquent en chacun des résonnances. Cette ouverture ainsi créée permet de prendre de la distance par rapport à ses difficultés, que le patient croit ne pas pouvoir modifier, parce qu'il les attribue à des causes extérieures. Une personne malade peut aider une autre personne malade par une compréhension réciproque.

Le sentiment d'isolement

Il arrive que le trouble dont la personne se sent atteinte isole, ou lui fait penser qu'elle est seule face à des problèmes insurmontables, sans pouvoir imaginer une issue possible. La confrontation aux autres peut apporter un soutien et un allègement de la souffrance, qui sont les premiers pas dans la psychothérapie.

Le sentiment d'existence

L'écoute des autres, au lieu d'affaiblir le sentiment de sa propre existence, peut provoquer au contraire un renforcement de ce sentiment d'existence et amener les personnes à mieux savoir se défendre face à ce qui, jusqu'à présent, leur paraissait menaçant dans une telle situation.

Quel est le déroulement d'une thérapie analytique de groupe ?

La technique utilisée est la verbalisation ou la mise en scène des situations liées à une difficulté personnelle.

L'analyse de groupe

Dans l'analyse de groupe, les membres du groupe s'expriment verbalement et échangent librement. Les dialogues des membres entre eux et avec le thérapeute aident à comprendre et résoudre les problèmes ou les difficultés rencontrées dans les situations de groupe.

Chaque membre étant différemment impliqué, il pourra progressivement modifier sa façon de comprendre ses difficultés relationnelles et sa façon de se comporter et d'agir au sein du groupe.

Le groupe s'organise à partir de quatre règles principales énoncées en début de première séance :

- ✓ dire ce qui vient à l'esprit ici et maintenant (règle de libre association),
- ✓ respecter le secret du groupe (règle de discrétion),
- ✓ s'abstenir de se rencontrer en dehors des séances (règle d'abstinence),
- ✓ participer régulièrement aux séances (règle d'assiduité).

Le psychodrame de groupe

Dans le psychodrame de groupe, chaque membre peut mettre en scène et jouer une situation de sa vie actuelle ou passée. Cette mise en scène permet, avec l'aide des autres et du thérapeute, de mieux comprendre ce qui s'est passé dans cette situation.

Le psychodrame se déroule en trois phases :

- ✓ **La préparation**, c'est-à-dire que le groupe cherche un thème à jouer. Celui qui propose un thème choisi parmi les membres du groupe ceux qui joueront les personnages de la situation avec lui ;
- ✓ **Le jeu**, c'est-à-dire que chacun participe, soit comme acteur, soit comme spectateur ;
- ✓ **L'analyse**, c'est-à-dire que chacun exprime ce qu'il a ressenti et ce que la situation jouée a évoqué

pour lui. Le thérapeute aide à la compréhension de la mise en scène pour chacun.

Les personnes concernées

Le groupe est composé de 5 à 8 personnes. Il existe des groupes composés de personnes souffrant des mêmes symptômes ou des groupes réunissant des personnes souffrant de troubles psychiques et/ou physiologiques divers. Lorsque la composition du groupe est variée, les expériences de ses membres sont plus riches, ce qui permet une ouverture à des façons d'être et de penser différentes.

Illustration d'une thérapie analytique de groupe

Affirmation de soi

Cours dispensé par le Dr Christian JUENET, Psychiatre à la clinique Lyon Lumière de MEYZIEU :

AFFIRMATION DE SOI

Dans certains cas, il est nécessaire de faire preuve d'affirmation de soi pour sortir d'une situation difficile.

Par exemple :

- *Obtenir un rendez-vous,*

- *Demander une augmentation à son supérieur,*

- *Exprimer une critique à votre enfant,*

- *Etre capable de dire « NON » et de maintenir ce « NON » ...*

-

DEFINITION

Être capable d'exprimer ses besoins, ses envies, ses émotions, son opinion... pour faire respecter ses droits sans empiéter sur ceux des autres.

GENERALITES

Lorsqu'une personne a des problèmes d'affirmation de soi, elle ne sait pas s'exprimer clairement et souvent n'en n'a pas conscience.

L'affirmation de soi va permettre de clarifier une relation entre deux personnes. Vous décidez de faire un choix et vous vous donnez les moyens de vous faire respecter.

L'affirmation de soi n'est pas à utiliser à chaque instant ; faire preuve d'affirmation de soi doit se limiter à une situation précise, souvent conflictuelle (ex: je n'obtiens jamais ce que je veux..., c'est toujours moi qui doit faire des heures supplémentaires...).

Le besoin d'être capable de faire preuve d'affirmation de soi est variable selon:

- *l'interlocuteur,*
- *le moment,*
- *l'environnement,*
- *et l'historique relationnel.*

L'affirmation de soi ne permet pas d'obtenir le changement d'autrui, ni d'obtenir à tous les coups la réponse attendue. L'autre a le droit de dire non ou de ne pas accéder à votre demande.

*Cette technique va vous permettre de travailler sur le **COMMENT** vous allez vous exprimer avec EFFICACITE, elle va vous permettre de travailler sur << l'emballage » et non sur le contenu.*

L'affirmation de soi s'appuie, par principe, sur une logique de sincérité.

Elle permet à terme de développer la perception de son efficacité et de l'estime de soi.

Limitations de l'affirmation de soi :

- *on ne peut changer quelqu'un qui ne veut pas modifier ses comportements,*
- *l'affirmation de soi génère des conséquences dont il faut être conscient.*

LES QUATRE ETAPES DE L'AFFIRMATION DE SOI

1- Oser exprimer ce que l'on veut dire (demande du courage),

2- Etre crédible (pour avoir un impact sur l'autre),

3- Formuler avec efficacité :

- ➢ *Une demande,*
- ➢ *Un reproche,*
- ➢ *Un NON et son maintien,*
- ➢ *Un compliment,*

4- Écouter (l'autre et accepter sa réponse).

Schéma descriptif de la relation avec une autre personne dans le cadre de l'affirmation de soi

Le passif :

- *ose s'exprimer mais sans efficacité (ex : baisse le ton de sa voix sur les mots importants de ce qu'il est en train de dire),*
- *il n'arrive pas à faire respecter ses droits,*
- *dit trop souvent « oui r>, alors qu'il voudrait dire « non »*
- *fuit le conflit...*

Le passif peut devenir l'agressif à force de s'exprimer sans efficacité.

L'agressif :

- *ose s'exprimer,*
- *fait respecter ses droits,*
- *empiète les droits des autres (souvent en toute inconscience),*
- *n'écoute pas son interlocuteur.*

Seule l'affirmation permet le respect des deux partenaires et la construction d'une relation durable et de qualité entre deux personnes.

TECHNIQUES POUR UNE AFFIRMATION DE SOI EFFICACE

Il est nécessaire de travailler sur **l'image de confiance** en nous que l'on offre aux autres (travail sur l'emballage).

1- ETRE CREDIBLE (pour avoir plus d'impact sur l'autre)

Pour être crédible il faut :

- Avoir un contact visuel avec son interlocuteur,
- Ralentir le débit des paroles, prendre le temps de s'exprimer,
- Garder un volume de voix constant,
- Avoir une bonne posture (ambes légèrement écartées pour une bonne stabilité, dos droit, et une gestuelle naturelle).

Ces quatre points représentent 60/o de l'efficacité de l'affirmation de soi.

2- COMMENT FCRMULER AVEC EFFICACITR. : (les grands principes à respecter)

2.1 - UNE DEMANDE

1. PREPARER:
   a. identifier précisément ce que vous voulez obtenir,
   b. clarifier ce que vous allez dire au début et l'écrire, (pour être clair dans la formulation).

2. EXPRIMER la demande d'une manière claire et courte; elle doit illustrer ce qui est important pour vous.

   Ex : «r Chéri, j'aimerai que tu m'offres des fleurs au moins une fois par semaine ».

3. NE PAS JUSTIFIER (dans un premier temps) car se justifier immédiatement, c'est perdre en crédibilité et en efficacité,

4. EXIGER UNE REPONSE

   a. immédiate,

   b. sinon demander un délai précis de report.

5. REMERCIER l'interlocuteur, même si sa réponse ne convient pas, avec si possible une remarque positive

   Ex : « Vous vous doutez bien que je n'apprécie pas votre réponse, cependant, je vous remercie d'avoir été clair. »

2.2 - UN REPROCHE

En affirmation de soi on parle de critique constructive.

Exemple de situation :

« Le mari d'un couple marié depuis plusieurs années, se lève tous les matins avant sa femme, se rase, ne nettoie jamais le lavabo et laisse celui-ci en l'état avec poils et mousse à raser. Sa femme s'est plaint déjà plusieurs fois sans résultat »

Généralités

Il est souhaitable de se donner les moyens d'être constructif et ne pas se laisser envahir par les émotions du moment.

Il vaut mieux se calmer Dour que ca ne frnisse Das sur un règlement de compte. Pour cela, on peut différer l'expression du reproche par contre il faut expliquer pourquoi on n'a pas réagi sur le coup

Ex : « Ce matin je ne t'en ai pas parlé car j'étais trop énervée et je préférais en parler avec calme ».

Je te propose que nous en reparlions mercredi matin.

Technique

1- FAIT PRECIS

Analyser le fait en étant le plus objectif possible (faire un simple constat)

Dans cette situation: « il n'a pas nettoyé le lavabo après s'être rasé ce matin».

2- CONSEQUENCES DU FAIT

- *C'est sale,*
- *Ce n'est pas agréable.*

Rester simple et factuel. Insister parfois sur le côté subjectif.

3- QUESTION

Ex : « Que penses-tu faire à ce sujet ? »

Ou bien « Que proposes-tu pour solutionner le problème? »

Attention : Vous ne pourrez pas imposer votre solution à quelqu'un ! Il faut laisser l'autre trouver sa solution, alors, si on veut un engagement réel.

4- ELEMENT POSITIF

Il est important d'exprimer quelque chose de positif après être tombé d'accord.

Ex: « Je suis contente d'avoir pu échanger avec toi à ce sujet et trouver une bonne solution ».

2.3 - UN NON et SON MAINTIEN

Le NON est le résultat de votre choix suite à une demande qui vous a été formulé dans une situation bien définie. En affirmation de soi, vous devez faire respecter vos droits, donc vos choix.

Techniques pour un NON et son maintien

1- En réception à une demande et en faisant le choix de dire NON, et de le maintenir, il ne faut rien ajouter après le NON, car on donne des informations sur lesquelles va s'appuyer le demandeur.

Il est possible d'expliquer à quelqu'un les motifs du votre décision et/ou proposer une solution alternative.

A - Si le demandeur poursuit sa demande en insistant.

B - Généralement, le demandeur s'arrête, et vous avez fait respecter vos droits en maintenant le NON.

2- Si tout cela ne suffit pas, il faut exiger un changement de comportement:

Ex: « Je te demande d'arrêter d'insister ».

2.4 - UN COMPLIMENT

Pour être efficace :

- Donner le comportement objectif ou le fait précis pour lequel vous souhaitez complimenter votre interlocuteur,
- EXPRIMER la conséquence objectif de ce fait ou de ce comportement en s'impliquant : « Je tenais à te dire...... »

Le compliment doit être COURT.

L'attitude générale qui accompagne la formulation d'un compliment doit être adaptée :

- Facial souriant,
- Contact visuel.

2.5 - RECEVOIR UN COMPLIMENT

Il existe deux grands types de compliments :

- Le compliment global,

- *Le compliment précis.*

Le compliment global

Vous pouvez exprimer votre refus de ce type de compliment en demandant à l'autre d'être plus précis.

Le compliment précis

1. *Le compliment est faux : vous précisez à votre interlocuteur que ce compliment ne peut vous être destiné.*
2. *Le compliment est vrai :*

   - 1er temps : on l'accepte par un langage non verbal (ex : hochement de tête, sourire,...),

   - 2ème temps : on remercie la personne (faire court),

   - STOP (on ne rajoute rien d'autre).

Trop souvent l'état affectif nous amène à rajouter des commentaires superflus et dangereux.

Dr Christian JUENET

L'affirmation de soi en groupe

Plan détaillé des cinq séances effectuées à la clinique Lyon Lumière de MEYZIEU avec la collaboration de Liliane CHALAYE, Psychologue :

L'AFFIRMATION DE SOI EN GROUPE

Le but des méthodes d'affirmation de soi et d'entraînement des habiletés sociales est de permettre au sujet d'affronter les situations qu'il redoute et de résoudre ainsi un certain nombre de problèmes personnels et professionnels qui sont restés en suspens du fait de son comportement d'évitement.

Définition du comportement affirmé :

*Un **comportement d'affirmation de soi** ou **comportement assertif** est un comportement qui permet ou sujet d'agir ou mieux de son intérêt de défendre son point de vue sans anxiété exagérée, d'exprimer avec sincérité et aisance ses sentiments et d'exercer ses droits sans dénier celui des autres (Alberti et Emmons, 1974).*

Les trois principaux comportements :

Il existe trois principaux comportements que nous pouvons modéliser selon le continuum suivant:

*Le **comportement passif** : le sujet n'exprime pos ses besoins, ses désirs et laisse toute la place à l'autre. C'est le comportement « paillasson ».*

*Le **comportement agressif** ; le sujet impose ses besoins et ses désirs ô l'outre sons le respecter, C'est le comportement « hérisson ».*

*Le **comportement affirmé**: le sujet exprime ses besoins et ses désirs en respectant les besoins et les désirs de l'autre. C'est un comportement équilibré.*

Caractéristiques d'un **comportement passif**	Caractéristiques d'un **comportement assertif**	Caractéristiques d'un **comportement agressif**
Vous n'exprimez pos vos besoins ni vos désirs.	Vous exprimez vos besoins et vos désirs.	Vous exprimez vos besoins et vos désirs.
Vous vous laissez dominer par les autres.	Vous respectez équitablement les besoins et désirs de l'autre.	Vous ne respectez pas l'autre.
Vous parlez 5% du temps et laissez parler les autres 95% du temps.	Vous parlez environ 50%, du temps, vous écoutez vos interlocuteurs environ 50% du temps,	Vous parlez 95% du temps : et laissez l'autre s'exprimer 5% du temps.
Vous attendez qu'on devine vos besoins.	Vous êtes directs, clairs et précis dans votre expression.	Vous vous exprimez sans détour. voire brutalement.
Vous avez tendance à ne pas regarder l'autre en face, vous baissez souvent les yeux et la tête, votre voix est souvent	Vous regardez l'autre en face, votre posture est décontractée, votre voix est claire et suffisamment	Vous regardez l'outre fixement, votre posture est tendue, rigide, vous vous approchez très près de l'autre pour lui parler.

faible et peu audible.	forte.	*Vous parlez fort.*
En cas de conflit d'intérêts, vous avez tendance à vous taire ou à fuir.	En cas de conflit d'intérêts, vous cherchez un compromis.	En cas de conflit d'intérêts, vous n'hésitez pas à contre-attaquer.
Après ce comportement, vous vous sentez mal, frustré, vous regrettez de ne pas avoir dit ce que vous aviez à dire.	Lorsque vous vous êtes exprimé de manière affirmée, vous vous sentez bien avec l'impression d'avoir dit ce que vous aviez à dire sons gêner l'autre.	Après ce comportement, vous êtes satisfait d'avoir obtenu ce que vous vouliez mais vous ressentez aussi une certaine culpabilité à l'idée d'avoir fait du mal à l'autre.

*Il existe également le **comportement passif-agressif** (alternance entre les deux types de comportements : c'est le comportement « cocotte-minute ») et le comportement manipulateur mais nous nous concentrerons pour commencer sur les trois principaux types.*

Tableau récapitulatif de ce que nous venons de voir :

	Passif	*Agressif*	*Affirmé*
Respect	L'autre ++	Moi ++	Moi = L'autre
Emotion	Anxiété	Colère	Bien-être
Relation	Bonne mais risque de faux-amis	+/- bonne	Bonne
Obtention matérielle	Médiocre	+/- bonne	Bonne

La communication :

*La communication est un échange : quand l'un parle, l'autre écoute et inversement. Celui qui parle est alors nommé l'**émetteur** et celui qui écoute le **récepteur**.*

*L'image du talkie-walkie nous permet d'illustrer ce qu'est une **bonne communication** : pour bien écouter l'autre, il faut se taire et inversement. Il est impossible de parler en même temps pour bien communiquer. Une bonne réception de message nécessite ainsi une bonne écoute. Une bonne écoute correspond à la capacité de pouvoir répéter sans distorsion ce que l'émetteur a exprimé.*

Les six domaines de la communication :

Il existe trois types de messages: négatif, neutre et positif. L'émission et la réception d'un message permettent ainsi de décrire six domaines de communication.

1. *Message émis positif : faire un compliment (ou un cadeau).*
2. *Message émis neutre : faire une demande.*
3. *Message émis négatif : faire une critique à l'autre.*
4. *Message reçu positif : répondre à un compliment.*
5. *Message reçu neutre : énoncer un refus, donner son accord, négocier.*
6. *Message reçu négatif : répondre à une critique.*

Les composantes de la communication :

*Le **langage verbal** correspond ou contenu de ce qui est dit.*

*Le **langage non verbal** inclut tous les éléments accompagnant le message émis : contact visuel, mimique faciale, posture générale, distance interpersonnelle.*

*Le langage non verbal comprend également le **langage paraverbal** qui concerne le mode d'expression du langage verbal : volume sonore, timbre, débit verbal, articulation.*

Le langage non verbal est aussi important que le langage verbal. Ils contribuent tous deux à donner un sens ou message. Entraîner sa capacité d'observation du langage non verbal peut permettre d'éviter des erreurs d'interprétation, Il est important dons un premier temps de développer sa capacité d'observation aux comportements et dans un second temps d'adopter un comportement verbal et non verbal congruent, conforme ou contexte et à ses émotions.

Illustration de quatre phases successives de la communication :

1. La **phase mentale** correspond à ce que l'émetteur se dit en préparant, construisant son message, Cette phase dépend de l'émotion qu'il ressent à ce moment-là, de son humeur mais également de ses expériences antérieures, de ses schémas cognitifs, de sa vision du monde, des autres et de lui-même. Entrent en compte également lors de cette phase des notions de vigilance et de mémoire.

2. La **phase d'émission du message** comprend les caractéristiques verbales, paraverbales et non verbales.

3. La **phase d'écoute, de réception du message** peut être réalisée de trois façons différentes :
   - Neutre : pos de réaction,
   - Passive : réponse non verbale,
   - Active : réponse verbale et non verbale.

4. La **phase cognitive d'interprétation du message** dépend de l'humeur du récepteur, de ses émotions et également de ses schémas cognitifs, ses expériences antérieures, ses apprentissages, etc.

Que peut-on déduire de la succession de ces quatre phases ?

Les techniques utilisées en affirmation de soi :

L'information

Différentes méthodes de communication et techniques seront abordées lors de ce groupe. Connaître, savoir, comprendre aident à agir. L'important est ainsi de mettre en application dans un second temps ces techniques à l'aide de jeux de rôle.

La formation à l'observation

Observer, c'est aussi apprendre. L'imitation du modèle est aussi à la base de l'apprentissage social. Le but est d'apprendre à observer son comportement et celui des autres, à identifier les composantes verbales et non verbales et les conséquences de ce comportement sur la relation avec l'autre.

Les jeux de rôles

Le jeu de rôles permet un apprentissage et une immersion émotionnelle indispensable pour toute amélioration durable. C'est la préparation indispensable pour que le sujet arrive ensuite à s'exposer dons la vie quotidienne entre les séances et parvienne à appliquer les techniques entraînées.

Le feedback

Le feedback correspond ô l'observation et aux commentaires à la suite d'un jeu de rôles. Ce feedback sera constructif.

Les tâches assignées entre les séances

Les tâches assignées correspondent à la continuité du travail réalisé en séance, Il s'agit de poursuivre entre les séances ce qui a été vu, appris ou décidé. Ce travail personnel inter séances est primordial pour une amélioration des comportements dons la vie quotidienne.

Faire une demande :

1) *Vérifier la disponibilité de son interlocuteur.*

2) *Avoir une idée claire et précise de ce que l'on veut demander et le formuler simplement.*

3) *Révélation de soi.*

4) *Empathie.*

5) *Disque rayé.*

6) *Compromis si réponse négative.*

Ne pas se justifier : Information sur soi (reste rationnel) différent de Justification (trop émotionnel).

NB : Si le compromis est également refusé par l'interlocuteur, il s'agit de respecter son droit de dire non.

Enoncer un refus :

1) *Ecouter la demande de son interlocuteur jusqu'au bout.*

2) *Dire clairement et explicitement << NON ».*

3) *Empathie.*

4) *Révélation de soi.*

5) *Disque rayé.*

6) Compromis (si on peut et veut).

NB: Bien garder en tête que l'on ne dit pas non à la personne mais à sa demande.

Faire une critique et répondre à une critique :

> ***Faire une critique constructive ou une demande de changement (technique du DESC) :***

- ✓ **D**écrire précisément le problème, sans accusation.

- ✓ **E**xprimer directement ses émotions envers l'acte critiqué (et non envers la personne) en utilisant le « je ».

- ✓ **S**uggérer de manière positive des solutions applicables.

- ✓ **C**onséquences positives que le changement aura sur nos émotions (et la relation).

NB : Ne pas oublier de respecter un équilibre .entre faire des compliments et foire des critiques (constructives). Nos critiques n'en seront alors que mieux reçues par notre interlocuteur. Ne pas oublier en outre de renforcer la personne par un compliment lorsque le changement désiré est survenu.

> ***Répondre à une critique (technique ERD) :***

- ✓ Enquête négative portant sur les faits et les émotions (et/ou reformulation).

- ✓ Reconnaître les faits reprochés et les émotions de l'autre.

- ✓ *Décider selon trois possibilités :*

    - **Affirmation de soi positive** *(j'accepte de changer).*

    - **Affirmation de soi négative** *(je ne peux pas changer de comportement).*

    - **Trouver un compromis.**

L'enquête négative va nous permettre de distinguer les critiques constructives (portant sur le comportement de la personne) des critiques destructrices (portant sur la personne elle-même). Dans le cas d'une critique destructrice, employer la **technique du Brouillard** *(« c'est possible », « peut-être », « c'est ton opinion », « c'est ton avis », etc.) afin de ne pas s'engager dans la conversation et de laisser glisser la critique.*

Faire un compliment et répondre à un compliment :

Il s'agit ici de compliments justes et sincères.

- ➢ <u>***Faire un compliment:***</u>

    1) *Dire directement et précisément ce qui est apprécié.*

    2) *S'exprimer à la première personne du singulier : « je ».*

    3) *S'engager personnellement en exprimant ses émotions positives (« J'apprécie beaucoup... »).*

- ➢ <u>***Répondre à un compliment :***</u>

1) Dire merci, accuser réception du fait d'être complimenté.

2) Exprimer franchement ses émotions (« Cela me fait plaisir que tu me dises que... » ou « Cela me gêne »).

3) Exprimer franchement son opinion (« Moi aussi j'aime ce t-shirt »).

NB *: ne plus normaliser ni refuser un compliment.*

Liliane CHALAYE, Psychologue

Conclusion

Faire une psychothérapie, c'est être acteur de ses soins, et surtout de sa vie. Ce n'est pas parce qu'une personne est malade qu'elle est sans ressources, ni capacités. Son réseau d'amis est une ressource essentielle pour le malade car lorsque l'on souffre de stress post-traumatique, on a tendance à s'isoler, à ne plus voir personne. Il faut lutter absolument contre cette tendance. Les groupes thérapeutiques d'ailleurs aident le patient à maintenir ces relations affectives. Plus une personne a un réseau d'amis et de relations denses, plus elle diminue les risques de rechutes, et plus le retour à la vie sociale est facile.

S'il est important de conserver ses amis, il n'est pas indispensable de tout leur raconter de sa vie. La maladie est quelque chose de très personnel. Il faut choisir avec précaution ceux à qui on souhaite se confier. Il en va de même en ce qui concerne son employeur. Conserver son travail est indispensable, mais parler de ses difficultés, de sa vie, de sa maladie, de sa souffrance n'est pas envisageable avec lui à cause de l'incompréhension que ça pourrait susciter.

La famille est un maillon essentiel de la vie sociale. Les proches sont souvent les premières personnes confrontées aux symptômes. Même si la cohabitation est parfois difficile, les proches souffrent des difficultés rencontrées par le malade. Garder un lien suffisamment fort est un élément important de la réussite de son parcours de soins. Il faut abattre les tabous et parler les uns avec les autres avec si possible l'aide d'un thérapeute. Peu importe les décisions prises concernant le déroulement des traitements thérapeutiques, le principal est d'établir une alliance entre la famille, les soignants et le patient.

La vie de couple est souvent difficile lorsque la personne est atteinte d'un stress post-traumatique. L'autre est souvent soumis à rude épreuve, même s'il est d'accord à propos des soins en cours. Il faut être acteur de son traitement pour gagner le respect de ses proches, de ses enfants.

En dehors de son entourage, tous les centres d'intérêts, toutes les passions même les plus anodines sont des ressources importantes pour les soins. Concernant la maladie, il est important de lire. Les livres de psychologie, les revues professionnelles médicales, les émissions médicales informent autour du stress post-traumatique, apportent des réponses aux questions. Ecrire son expérience peut-être également un temps important, cet acte a aussi un but thérapeutique. Il existe enfin quelques associations pour rencontrer des personnes qui ont également souffert de stress post-traumatique.

Pour conclure, être acteur de ses soins, c'est un état d'esprit, c'est une volonté forte qui conduit à être très exigeant avec soi-même.

Bibliographie

Albernhe, T. – Albernhe, K. – Ekaïme, M. (2008). Les thérapies familiales systémiques. *Elsevier Masson.*

André, C. (2006). Imparfaits libres et heureux : Pratiques de l'estime de soi. *Odile Jacob.*

André, C. (2007). L'estime de soi. *Odile Jacob.*

André, C. (2006). Les états d'âme : Un apprentissage de la sérénité. *Odile Jacob.*

André, C. (2011). Méditer jour après jour : 25 leçons pour vivre en pleine conscience. *Iconoclaste.*

André, C. (2011). Secrets de psys : Ce qu'il faut savoir pour aller mieux. *Odile Jacob.*

André, C. (2003). Vivre heureux : Psychologue du bonheur. *Odile Jacob.*

André, M. – Elliot, C. – Smith, L. (2009). Guérir l'anxiété pour les Nuls. *Générales First.*

Andrews, S. – Dempsey, B. – Odoul, M. (2009). Shiatsu et réflexologie pour les Nuls. *Générales First.*

Anzieu, D. (2004). Le Moi-peau. *Dunod.*

Badian, S. (2007). Zen : La méditation pour les Nuls. *Générales First.*

Barraqué, P. (1999). La voix qui guérit : Techniques de guérison par les thérapies vocales. *Jouvence.*

Barrois, C. (1998). Les névroses traumatiques : Le psychothérapeute face aux détresses des chocs psychiques. *Dunod.*

Battle, S. (2013). L'art-thérapie au quotidien. *Jouvence.*

Berghmans, C. – Tarquinio, C. (2009). Comprendre et pratiquer les nouvelles psychothérapies : Cohérence cardiaque, relaxation, méditation, hypnose, EMDR, Taï-Chi-Chuan, Qi gong. *InterEditions.*

Besson, J. – Brault, Y. (2012). Relation psychothérapeutique. *L'Harmattan.*

Blanchard – Rémond, A. (2010). Psychiatre : Plombier de l'âme. *L'Harmattan.*

Blanchet, A.M. (1999). La psychanalyse au banc d'essai. *Exergue.*

Boyer Labrouche, A. (2012). Manuel d'art-thérapie. *Dunod.*

Branch, R. – Wilson, R. – Millêtre, B. (2010). Exercices de thérapies comportementales et cognitive pour les Nuls. *Générales First.*

Brillon, P. (2011). Se relever d'un traumatisme : Réapprendre à vivre et à faire confiance. *Ambre.*

Brissiaud P.Y. (2008). La face cachée de la résilience. *Jouvence.*

Brissiaud P.Y. (2001). Surmonter ses blessures. *Retz.*

Burton, K. – Platts, B. – Billon, C. (2008). La confiance en soi pour les Nuls. *Générales First.*

Calatayud, C. (2005). Vivre avec ses peurs : Et en comprendre les mécanismes. *Jouvence.*

Campbell, D. – Drollet, L. (1998). L'effet Mozart : Les bienfaits de la musique sur le corps et l'esprit. *Le Jour.*

Chaloult, L. (2010). La thérapie cognitivo-comportementale : Théorie et pratique. *Gaëtan Morin.*

Chapelle, F. – Morié, B. – Poinsot, R. – Runisek, S. – Villard, M. (2011). L'aide-mémoire des thérapies comportementales et cognitives en 38 notions. *Dunod.*

Cottraux, J. (2011). Les psychothérapies comportementales et cognitives. *Elsevier Masson.*

Cottraux, J. (2004). Les visiteurs du soi : A quoi servent les psys ? *Odile Jacob.*

Cottraux, J. – Page, D. – Pull, M.C. (2007). Thérapie cognitive et émotions : La troisième vague. *Masson.*

Crocq, L. (2011). Traumatismes psychiques : Prise en charge psychologique des victimes. *Elsevier Masson.*

Crocq, L. – Dalignand, L. – Villerbu, L. – Tarquinio, C. (2007). Traumatismes psychiques : Prise en charge psychologique des victimes. *Elsevier Masson.*

Cungi, C. – Deglon, C. (2009). Cohérence cardiaque : Nouvelles techniques pour faire face au stress. *Retz.*

Curinier, M. (2008). Art-thérapie : La peinture qui guérit. *Nouvelle Cité.*

Cyrulnik, B. (2002). Un merveilleux malheur. *Odile Jacob.*

Debray, Q. – Kindynis, S. – Leclère, M. – Seigneurie, A.S. (2005). Protocoles de traitements des personnalités pathologiques : Approche cognitivo-comportementale. *Elsevier Masson.*

Doutrelugne, Y. – Cottencin, O. – Betbèse, J. (2013). Thérapies brèves : Principes et outils pratiques. *Elsevier Masson.*

Duchastel, A. (2013). Art-thérapie : Un outil de guérison et d'évolution. *Dangles.*

Elking, A. (2002). Gérer votre stress pour les Nuls. *Générales First.*

Esposito, R. – Aubert, D. – Gauthier, P. – Santerre, B. (2010). Sophrologie. *Elsevier Masson.*

Evers, A. – Paul Cavallier, F.J. (2012). Le grand livre de l'art-thérapie. *Eyrolles.*

Fanget, F. (2011). Affirmez-vous ! *Odile Jacob.*

Fanget, F. (2006). Oser : Thérapie de la confiance en soi. *Odile Jacob.*

Fone, H. – Gurret, J.M. (2011). L'EFT (Technique de libération émotionnelle) pour les Nuls. *Générales First.*

Fontaine, O. – Fontaine, P. (2006). Guide clinique de thérapie comportementale et cognitive. *Retz.*

Forestier, R. (2011). Tout savoir sur la musicothérapie : L'art-thérapie à dominante musicale. *Favre.*

Freud, M. (2007). Réconcilier l'âme et le corps : 40 exercices faciles de sophrologie. *Albin Michel.*

Giordano, I. (2006). Voyage aux pays des psys. *Albin Michel.*

Godin, C. – Silvagni, G.O. (2012). La psychanalyse pour les Nuls. *Générales First.*

Grillot, A.C. – Cash, A. (2004). La psychologie pour les Nuls. *Générales First.*

Guiraud – Caladou, J.M. (1983). Musicothérapie, paroles des maux. *Van de Velde.*

Hanus, M. (2001). La résilience, à quel prix ? *Maloine.*

Hansoul, B. – Wauthier Freymann, Y. (2010). EFT - Tapping et psychologie énergétique. *Dangles.*

Jansen, T. (2011). La solution intérieure : Vers une nouvelle médecine du corps et de l'esprit. *Pocket.*

Kabat-Zinn, J. (2005). Où tu vas, tu es : Apprendre à méditer pour se libérer du stress et des tensions profondes. *J'ai lu.*

Kedia, M. – Vanderlinden, J. – Lopez, G. – Saillot, I. (2012). Dissociation et mémoire traumatique. *Dunod.*

Koeltz, B. (2006). Comment ne pas tout remettre au lendemain. *Odile Jacob.*

Lambolev, D. (2011). Le guide pratique de Shiatsu. *Marabout.*

Largier, G. (2008). Comprendre et pratiquer les thérapies psychocorporelles. *InterEditions.*

Lebigot, F. (2011). Les traumatismes psychiques. *Fabert.*

Lebigot, F. (2011). Traiter les traumatismes psychiques : Clinique et prise en charge. *Dunod.*

Lecourt E. (2010). La musicothérapie. *Eyrolles.*

Lemoine, P. (2010). Dites-nous, Patrick Lemoine, à quoi sert vraiment un psy ? *Armand Collin.*

Lempénière, T. – Féline, A. – Adès, J. – Hardy, P. – Rouillon, F. (2006). Psychiatrie de l'adulte. *Masson.*

Leroux, Y. (2014). Psychothérapies ordinaires. *Geoffrey Dorne.*

Lopez, G. (2009). Comment ne plus être victime ? *L'esprit du Temps.*

Lucas, M. (2010). En chemin vers soi : Avec la sophrothérapie existentielle. Les 7 principes qui régissent notre vie. *Fernand Lanore.*

Masunaga, S. – Jacquard, M. (1990). Zen Shiatsu : Comment équilibrer le yin et le yang pour une meilleure santé. *Guy Trédaniel.*

Mercaux, B. (1990). Guide pratique de musicothérapie : Comment utiliser vous-même les propriétés thérapeutiques de la musique. *Dangles.*

Morgan, S. (2012). L'état de stress post-traumatique : Diagnostic, prise en charge et réflexions sur les facteurs prédictifs. *Mon Petit Editeur.*

Namikoski, T. – Leibovici, A. (2004). Le livre complet de la thérapie Shiatsu. *Guy Tredaniel.*

Nunge, O. (2013). Gérer ses émotions. *Jouvence.*

O'Hare, D. (2013). 5 minutes le matin : Exercices simples de méditation pour les stressés. *Thierry Souccar.*

O'Hare, D. (2012). Cohérence cardiaque 365 : Guide de cohérence cardiaque jour après jour. *Thierry Souccar.*

Palazzolo, J. – Bourdenet, V. – Carbonnel, P. – Fouchet, M. (2007). Les thérapies comportementales et cognitives : Manuel pratique. *InPress.*

Phillipot, P. (2011). Emotion et psychothérapie. *Mardaga.*

Poletti, R. – Dobbs, B. (1998). Lâcher-prise. *Jouvence.*

Poletti, R. – Dobbs, B. (2008). L'estime de soi : S'aimer pour mieux vivre avec les autres. *Jouvence.*

Poletti, R. – Dobbs, B. (2001). La résilience. Jouvence.G. (2013). Psychothérapie et relations humaines : Théories de la thérapie centrée sur la personne. *Esf.*

Quillé, T. (2007). Ortho-Bionomy : Découvrez votre réflexe auto-correcteur. *Testez.*

Ravon, D. (2008). Apprivoiser ses émotions. *Eyrolles.*

Rolland, J. – Capellini, S. – Van Welden, M. (2009). Les massages pour les Nuls. *Générales First.*

Roques, J. (2011). Découvrir l'EMDR. *Marabout.*

Roques, J. (2007). Guérir avec l'EMDR : Traitement, théorie, témoignages. *Seuil.*

Roques, J. – Servan-Schreiber, D. (2004). EMDR : Une révolution thérapeutique. *La Méridienne.*

Rosenfeld, F. (2012). Méditer c'est se soigner. *Pocket*.

Roth, G. – Nérot, L. (2009). La danse des 5 rythmes : Un chemin de transformation par le mouvement. *Le Courrier du Livre*.

Rusinek, S. – Amouroux, R. – Boudoukha, A.H. – Chapelle, F. (2013). Traiter l'anxiété : 11 cas pratiques enfants et adultes en TCC. *Dunod*.

Sabouraud Séguin, A. (2006). Revivre après un choc : Comment surmonter le traumatisme psychologique. *Odile Jacob*.

Salzberg, S. – Midal, F. – Lavigne, P. (2013). Apprentissage de la meditation. *Belfond*.

Saunal, A.M. (2013). Journal d'une psychanalyste heureuse. *Payot*.

Schott Billmann, F. (2012). Quand la danse guérit. *Le Courrier du Livre*.

Schultz, J.H. (2008). Le training autogène. *Puf*.

Sedel, F. – Lyon-Caen, O. – Saillant, G. (2010). Le cerveau pour les Nuls. *Générales First*.

Servan-Schreiber, D. (2011). Guérir le stress, l'anxiété et la dépression : Sans médicaments ni psychanalyse. *Robert Laffont*.

Servant, D. (2009). La relaxation : Nouvelles approches, nouvelles pratiques. *Elsevier Masson*.

Servant, D. (2007). Relaxation et méditation : Trouver son équilibre émotionnel. *Odile Jacob*.

Seton, P. (2010). 6 ordonnances anti-stress : Les meilleurs remèdes de 6 experts. *Thierry Succar.*

Seznec, J.C. (2011). J'arrête de lutter avec mon corps. *Puf.*

Shapiro, F. – Roques, J. – Servan-Schreiber, D. – Mégevand, V. (2006). Manuel d'EMDR: Principes, protocoles, procédures. *InterEditions.*

Shapiro, F. – Silk Forrest, M. – Servan-Schreiber, D. – Mousnier-Lompré, F. (2014). Des yeux pour guérir: EMDR, la thérapie pour surmonter l'angoisse, le stress et les traumatismes. *Points.*

Siaud-Facchin, J. (2012). Comment la méditation a changé ma vie... et pourrait bien changer la vôtre ! *Odile Jacob.*

Sibony, D. (2005). Le corps et sa danse. *Seuil.*

Terk-Chalanset, C. – Fouché, B. (2009). Sophrologie et estime de soi. *L'Harmattan.*

Tomasella, S. (2011). La traversée des tempêtes : Renaître après un traumatisme. *Eyrolles.*

Triscari, J. (2013). Le traumatisme psychique : L'incessant aller-retour entre vie et mort. 7 *EcritEditions.*

Van Loey, C. (2011). Hypnose, EMDR, EFT... Les nouveaux chemins de la guérison. *Dangles.*

Vaysse, J. – Cosnier, J. (2006). La danse-thérapie : Histoires, techniques, théories. *L'Harmattan.*

Vigne, J. (2007). Soigner son âme : Méditation et psychologie. *Albin Michel.*

Willson, R. – Brauch, R. (2009). Les thérapies comportementales et cognitives pour les Nuls. *Générales First.*

Yalom, I. – Dumour, A. (2012). L'art de la thérapie. *Galaade.*

Yalom, I. – Richard, L. (2012). Thérapie existentielle. *Galaade.*

Made in the USA
Lexington, KY
16 June 2016